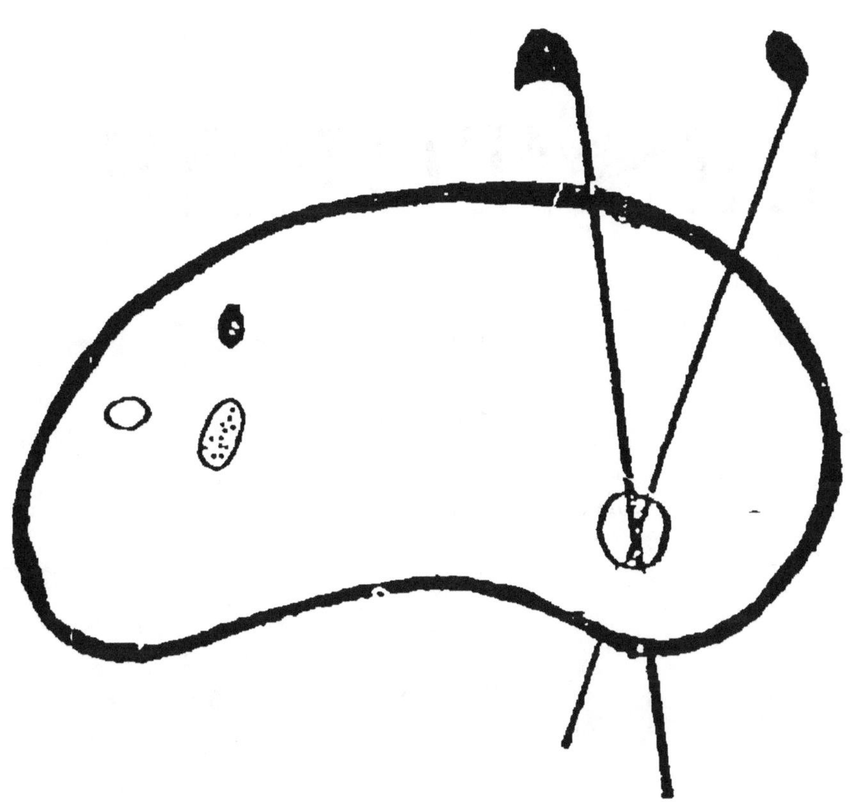

DEBUT D'UNE SERIE DE DOCUMENTS
EN COULEUR

LA VÉRITÉ

SUR

LES TOURS

PAR

H. PALLU

INSPECTEUR DES ENFANTS ASSISTÉS DE LA SEINE-INFÉRIEURE
CHEVALIER DE LA LÉGION D'HONNEUR

DEUXIÈME ÉDITION

PARIS

BERGER-LEVRAULT ET Cie, LIBRAIRES-ÉDITEURS

5, RUE DES BEAUX-ARTS

MÊME MAISON A NANCY

1879

BERGER-LEVRAULT ET Cᵉ, LIBRAIRES-ÉDITEURS

Des Projets de réforme pénitentiaire. Études du programme et des moyens de mise à exécution, par Jules LATOU, inspecteur général des prisons et des établissements pénitentiaires. 1 volume in-12, broché . . . . **3 fr. 50 c.**

Traité des établissements de bienfaisance. Hospices et hôpitaux — Maison de retraite — Enfants assistés — Sociétés de charité mutuelle — Bureau de nourrices — Dépôts de mendicité — Mont-de-piété — Asiles d'aliénés — Établissements généraux de bienfaisance, etc., par J. DE LAMARQUE, sous-chef de bureau au ministère de l'intérieur (Bibliothèque de l'Administration française, publiée sous la direction de M. Maurice Block.) 1 vol. in-12, broché. **4 fr.**

    Relié en percaline anglaise. . . . . **5 fr.**

Le Patronage des libérés dans les départements, par Jules DE LAMARQUE, chef de bureau au ministère de l'intérieur. In-12, broché . . . . **1 fr. 50 c.**

La Réhabilitation des libérés. Manuel du patronage, par J. DE LAMARQUE, chef de bureau au ministère de l'intérieur. 1 fort vol. in-12, broché . . . . **4 fr.**

Des Colonies pénitentiaires et du patronage des jeunes libérés (ouvrage couronné), par J. DE LAMARQUE, chef de bureau au ministère de l'intérieur. 1 vol. in-12 de XI-2..8 pages, avec pièces justificatives, broché. . . . . **2 fr. 50 c.**

Protection des enfants du 1ᵉʳ âge. (Circulaire ministérielle du 20 mars 1877. Loi du 23 décembre 1874. Règlement d'administration publique du 27 février 1877. Instructions générales du 15 juin 1877. Brochure in-8, avec modèles. . . . . **40 c.**

Le Régime des boissons. (Commentaire des lois rendues depuis 1871. — Tableaux complets des droits, des contraventions et des pénalités. — Documents statistiques sur la production vinicole de la France, par V. SIMON, avocat à la Cour d'appel de Paris, rédacteur au *Moniteur vinicole.* 1 fort vol. in-12, broché. . . . . **5 fr.**

Des Mœurs publiques. Réflexions et projets dédiés à Miss Butler, par Mˡˡᵉ Anna PUJAC, sage-femme en chef de la Maternité de Montpellier. Brochure grand in-8. . . . . **1 fr. —**

Dictionnaire de l'Administration française, par M. Maurice BLOCK, avec la collaboration de membres du Conseil d'État, de la Cour des Comptes, de directeurs et chefs de service de divers ministères, etc. Nouvelle édition entièrement refondue, augmentée et mise à jour (1877). 1 vol. grand in-8 de XX-1856 pages, renfermant la valeur de 25 volumes ordinaires. Broché. . . . . **30 fr.**

    Relié en demi-chagrin, plats toile. . . . . **34 fr. 50 c.**

Supplément annuel. 1ᵉʳ Novembre 1878. Brochure gr. in-8. **2 fr. 50 c.**

Nancy, imprimerie Berger-Levrault et Cⁱᵉ

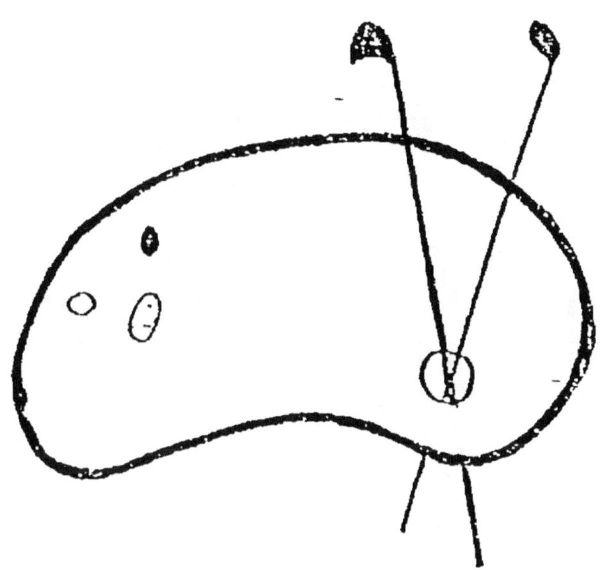

FIN D'UNE SERIE DE DOCUMENTS
EN COULLUR

LA VÉRITÉ

SUR LES TOURS

Le tour est un avis donné au public, une affiche apposée dans la rue et portant : Quiconque veut se débarrasser du soin d'élever son enfant, pour en donner la charge à la société, est invité à le déposer ici et sera dispensé de toute justification.

(DE GÉRANDO.)

Le tour n'est pas seulement la boîte aux abandons, il est encore la boîte aux infanticides.

(Aveu sorti de la bouche d'une religieuse chargée de leur surveillance.)

Il faut une loi contre la séduction !

(E. LEGOUVÉ.)

Nancy, imprimerie Berger-Levrault et Cie.

LA VÉRITÉ

SUR

LES TOURS

PAR

H. PALLU

INSPECTEUR DES ENFANTS ASSISTÉS DE LA LOIRE-INFÉRIEURE

CHEVALIER DE LA LÉGION D'HONNEUR

DEUXIÈME ÉDITION

PARIS

BERGER-LEVRAULT ET Cie, LIBRAIRES-ÉDITEURS

5, RUE DES BEAUX-ARTS

MÊME MAISON A NANCY

1879

LA VÉRITÉ SUR LES TOURS

Le fonctionnaire est un soldat; quel que soit son désir de prendre part à une lutte engagée, il ne peut ni ne doit le faire sans préalablement y avoir été autorisé par ses chefs.

J'étais dans cet état d'impatience lorsque, le 28 juillet dernier, l'honorable M. Monod, préfet du Gers, me fit l'honneur de me communiquer, aussitôt leur réception : 1° la circulaire ministérielle, en date du 16 juillet, relative à la question des tours; 2° le rapport sur la pétition de M. le docteur Brochard, présenté au Sénat par l'honorable M. Bérenger, sénateur; 3° la proposition de loi relative au rétablissement des tours.

J'ai lu ces importants documents avec tout

l'intérêt et toute l'attention que comporte un si grave sujet, et je me suis empressé, malgré le court délai qui m'était assigné, de répondre à l'invitation qui m'était faite d'exprimer toute ma pensée sur cette question capitale, à laquelle je consacre l'étude qui va suivre.

Le rétablissement des tours me paraîtrait, je n'hésite pas à le déclarer dès le début, une décision des plus désastreuses dans ses conséquences au point de vue social.

Placé en présence de ce retour vers un passé dont on commençait déjà à oublier les tristes et navrants souvenirs, ma première impression a été tout d'abord, je l'avoue, un sentiment de profond étonnement; comparant le présent à ce passé douloureux, je me suis demandé par quel singulier concours de circonstances malheureuses on se prenait à cette marche rétrograde pour arriver, sinon à résoudre, du moins à élucider ce problème difficile qui touche par tant de côtés à la morale publique : l'*assistance due aux enfants de la séduction et du vice.*

L'esprit humain, ayant pour principe la vie, ne peut, je le sais, rester inactif; s'attaquant à

toutes les causes qui forment le fruit de ses
conquêtes, il en analyse tous les effets, et, poussé
par une force invincible, il marche droit devant
lui, subissant la loi du progrès qui me semble,
dans l'infini émanant de Dieu, comme le pôle
qui nous attire vers les cimes séduisantes de la
perfection.

C'est précisément pour cette raison que je
trouve étrange ce mouvement de recul, espèce
de négation du progrès dans lequel doit s'élever
l'idée, sorte de décadence peu propre à rassurer
sur les destinées vers lesquelles doivent tendre
les vues d'un grand peuple.

Si ce système, qu'on voudrait opposer à celui
très-perfectible que nous possédons aujour-
d'hui, était un instrument nouveau, j'en com-
prendrais jusqu'à un certain point l'essai. Mais,
condamné par l'expérience, je le répète, je ne
puis m'expliquer l'épreuve nouvelle dont il
pourrait devenir l'objet.

C'est pourquoi en présence d'une question si
grave, intéressant à un aussi haut degré non-
seulement le service des Enfants assistés, mais
encore et surtout l'avenir de la grande patrie

française, je considère comme un devoir de l'ordre le plus élevé, d'exprimer dans ce travail toute ma pensée à l'égard de la loi en projet.

Si faible que soit ce concours d'un modeste fonctionnaire, il aura du moins le mérite d'être le témoignage de son dévouement absolu à une cause qui est devenue une des plus chères préoccupations de sa vie.

I.

Un mot sur la pétition de M. le docteur Brochard.

Dans le rapport annuel que j'ai eu l'honneur d'adresser récemment à M. le préfet du Gers, je signalais que quatre enfants nouveau-nés avaient été trouvés exposés sur la voie publique, abandonnés par leurs mères.

L'habitude de ces situations aurait pu me rendre insensible, car, tôt ou tard, on arrive à se blaser plus ou moins au spectacle des choses, même les plus tristes, à force de les avoir incessamment devant les yeux.

Eh bien, non. Cette situation faite à un fragile petit être, inconscient du malheur qui le frappe, incapable par lui-même de pouvoir en conjurer l'horreur, m'inspire toujours les pensées les plus attristantes; tant de fragilité et tant de misère à la fois me déconcertent, et, reportant mon souvenir vers un autre temps, je frémis à la pensée que c'était par milliers, chaque année, que ces pauvres petits enfants, il y a de cela à peine quarante ans, venaient respirer l'air fétide de nos hospices, comme pour mieux se préparer à mourir, ensevelis dans l'oubli.

A cette époque, les tours existaient; ils étaient libres, comme on les veut encore, et la femme vicieuse pouvait, sans crainte aucune pour elle, se livrer impunément à l'œuvre de la procréation; l'abîme était à sa portée, elle avait la faculté d'y précipiter, sans qu'on eût le droit de lui en demander compte, le triste et malheureux fruit de ses débauches.

Ce qu'elle faisait était légal et « *légalement* » elle était encouragée, après avoir enfanté, d'enfanter encore, d'enfanter toujours; l'abîme n'était jamais comblé !

Il arriva cependant une heure où apparut jusqu'à l'évidence toute l'horreur de cette plaie sociale, plaie hideuse qui, sous la sauvegarde des lois, allait chaque jour s'avivant et s'élargissant davantage.

Une émotion profonde de dégoût, d'horreur et de crainte, se fit sentir, lorsque, placé entre le mouvement et la dépense des Enfants trouvés, on reconnut d'un côté cette innombrable quantité de victimes, de l'autre les sommes énormes dépensées presque sans fruit pour elles, tellement la mort continuait toujours son œuvre sinistre, malgré les tours.

C'est alors que l'on se rendit compte de la portée du cri d'alarme qu'avait proféré, en 1784, Necker, directeur général des finances, lorsqu'il signalait au roi l'augmentation chaque jour croissante des enfants trouvés. Comme le dit l'honorable M. Bérenger dans son rapport : « C'était évidemment une menace contre l'existence des tours. »

Il eût été à souhaiter que déjà à cette époque on eût tenu compte de cette menace, et que, puisant en elle cette prévoyance qui nous a fait défaut, on se fût rendu compte de toutes les misères que le système des tours devait engendrer, de toutes les immoralités et de tous les vices qu'il devait développer ou protéger. S'il en avait été ainsi, nous ne serions probablement pas réduits à chercher encore aujourd'hui la voie et les moyens pour sortir de ce labyrinthe dans lequel nous tournons depuis plus d'un demi-siècle, pour nous retrouver toujours en face de cet abîme, qu'un homme de cœur ne saurait considérer sans épouvante, et devant lequel nous ramène d'un cœur si léger M. le docteur Brochard.

Avant de pénétrer plus avant au cœur de cette très-grave question, il importe d'examiner comment l'auteur de la pétition a été conduit à soulever cette lourde proposition, si pesante en responsabilités terribles

« M. le docteur Brochard (c'est ainsi que
« s'exprime l'honorable sénateur, M. Bérenger,
« dans son rapport) a eu, l'un des premiers,
« l'honneur de signaler à l'attention publique
« l'affligeant scandale de la mortalité des en-
« fants du premier âge, et de dénoncer sa

« néfaste influence sur le mouvement de notre
« population, etc., etc. »

Comme médecin, M. le docteur Brochard
s'est en effet beaucoup occupé des enfants et
s'en occupe encore. Ses écrits, je n'en doute
pas, ont trouvé de sympathiques échos dans le
cœur des mères, car c'est à elles surtout qu'il
consacre un journal qu'il dirige sous ce titre
charmant : *Journal des jeunes mères.*

Je l'ai lu moi-même avec infiniment de plaisir cet intéressant journal, et en beaucoup
d'occasions, avec empressement, j'ai suivi les
sages conseils que l'intelligent docteur ne cesse
d'y prodiguer.

Son livre : *la Vérité sur les enfants trouvés*
n'a pas produit sur moi, je dois l'avouer, la
même favorable impression; la passion qu'on
y sent dominer m'a mis en défiance, et en a
considérablement affaibli la portée à mes yeux.

Point de départ de la question qui nous
occupe, c'est surtout sur ce terrain que je me
propose de le combattre, me faisant fort de
démontrer qu'il ne connaît que très-imparfaite-
ment le service des Enfants assistés, qu'il

attaque si violemment, et que s'il se fût donné
la peine de l'étudier davantage, tout me porte
à croire que ses conclusions eussent été différentes de celles qui ont motivé le projet de loi
déposé sur le bureau du Sénat, le 16 février
dernier.

M. le docteur Brochard se présente donc à
nous avec la notoriété d'un homme qui a beaucoup écrit et surtout beaucoup combattu. Sa
plume, élégante et acérée, a par moments des
rudesses suivies de douceurs et de câlineries
qui étonnent.

Cet homme aime les enfants, et quand il
songe à rétablir le tour, cet instrument qui les
priverait de leurs mères, c'est en vain que je
cherche la raison de cette contradiction bizarre
qui par amour de l'effet tendrait à en supprimer
la cause ; et je suis tenté de penser avec Pascal :
« *Que ceux qui ne voient que les effets, et qui*
« *ne voient pas les causes sont à l'égard de ceux*
« *qui découvrent les causes comme ceux qui*
« *n'ont que des yeux à l'égard de ceux qui ont*
« *de l'esprit.* »

Les écrits de M. le docteur Brochard, son

livre, *la Vérité sur les enfants trouvés,* surtout, sont empreints de couleurs d'une vivacité qui attire l'attention; parfois il peint avec du sang, d'autres fois avec du fiel; il a dans l'attaque des audaces perfides; despote dans sa manière de penser, il montre haïssable tout ce qui est en dehors de sa manière de voir à lui; comme s'il avait été blessé dans une lutte inégale, dans tout ce qu'il fait on sent comme un besoin de revanche; on cherche quel pourrait bien être l'adversaire redouté qu'il poursuit, et, si c'était possible, l'on serait tenté de voir devant lui un géant : l'administration elle-même.

Cet homme distingué, très-distingué même, semble être en veine de chance et il en profite. Seul un moment contre tout un service, dans lequel il compte de savants et zélés confrères, il s'est épuisé à chercher des partisans pour le combattre; il y est parvenu au delà de toute espérance.

Armé de la palme que lui avait décernée l'Académie des sciences, il a marché presque en triomphateur; et son idée, recueillie par des hommes éminents, placés au sommet de l'échelle sociale, est parvenue jusqu'aux plus hautes cimes.

Pour mon compte, si haut placée qu'elle soit déjà, cette idée terrible, je la combattrai sans crainte et sans faiblesse; de toutes mes forces je protesterai contre elle, m'efforçant de la montrer comme un point des plus noirs à l'horizon de l'avenir, plein de menaces et de désastres sans nombre.

L'honorable rapporteur de la quatrième commission des pétitions au Sénat s'exprime ainsi dans son remarquable rapport :

« Le pétitionnaire expose que la suppression des tours, si laborieusement poursuivie depuis quarante ans par l'administration, malgré les termes formels du décret de 1811, est une mesure illégale ; qu'elle a eu pour effet de multiplier les crimes, de créer d'odieuses industries, en faisant pénétrer la pratique de l'avortement et le commerce des meneuses dans les mœurs publiques.

« Qu'elle n'a pas eu d'autre cause que la pensée peu avouable de réaliser une économie, et que cette économie a entraîné de véritables hécatombes d'enfants et a coûté au pays une diminution notable de sa population.

« Il s'applique ensuite à démontrer que l'admission après l'enquête, quelles que soient la prudence et la discrétion qui président à la réception de l'enfant, est inhumaine, insuffisante, impopulaire;

« Que l'institution des secours aux filles-mères, bonne en elle-même, si elle est limitée à un petit nombre de cas déterminés avec intelligence, devient, par l'abus systématique qui en est fait, immorale, cruelle pour les mères, menaçante pour la vie des enfants;

« Qu'une fois le budget débarrassé par ce moyen commode de la plus forte partie de la charge des nouveau-nés, on ne se préoccupe pas de savoir ce qu'ils deviennent, et que la mortalité épouvantable causée par la misère, la dépravation, l'absence de soins, ferait reculer, si elle était connue, toutes les consciences.

« Il s'élève, en outre, avec force contre la loi du 5 mai 1869 qui, en mettant la rétribution des inspecteurs des Enfants assistés à la charge de l'État, a fait passer en réalité la di-

rection du service des mains des commissions
hospitalières dans celles de l'administration.
Cette substitution, en apparence insignifiante,
Lui semble avoir altéré profondément l'esprit de
charité traditionnelle qui, depuis saint Vincent
de Paul, avait pénétré et dirigé les administrations hospitalières dans les soins donnés à l'enfance abandonnée. C'est à peine si elle a, suivant
lui, laissé subsister quelque vestige de la tutelle hospitalière prescrite cependant par la loi.

« Les inspecteurs départementaux, généralement pris dans les rangs de l'administration,
en dehors des conditions de savoir et de compétence nécessaires, se montrent, en outre, au
grand détriment des enfants, plus accessibles
aux préoccupations économiques qu'aux considérations d'humanité.

« Les réceptions sont moins faciles, les mesures de surveillance moins actives, les règles
d'hygiène moins observées.

« Il n'en serait point ainsi si l'inspection
départementale était partout confiée aux lumières, indispensables en ces matières, du corps
médical.

« Enfin, l'institution d'une direction centrale également inspirée par une connaissance approfondie de ce qu'exige l'hygiène de l'enfance serait nécessaire pour donner une impulsion à la fois uniforme, puissante et éclairée à tout le service.

« Ces considérations diverses portent l'auteur de la *Vérité sur les enfants trouvés* à réclamer :

« 1° Le rétablissement des tours conformément au décret de 1811;

« 2° L'abrogation de la loi du 5 mai 1869, en ce qu'elle a enlevé, en fait, le service des Enfants trouvés aux administrations hospitalières pour le donner aux administrations départementales;

« 3° L'attribution des inspections départementales au corps médical;

« 4° Enfin, la création d'une direction générale des Enfants trouvés. »

On le voit par ce qui précède, M. le docteur Brochard ne demande pas seulement le rétablissement des tours; c'est la modification complète de tout le service des Enfants assistés qu'il réclame.

Il ne voudrait dans ce service que des médecins, sous prétexte que les inspecteurs pris dans
les rangs de l'administration sont plus accessibles aux préoccupations économiques qu'aux
considérations d'humanité; qu'ils sont moins ob-
servateurs des règles de l'hygiène, tout comme
si un bon père de famille, intelligent, affectueux
et dévoué ne possédait pas sur cette matière
tout ce qu'il convient de connaître pour l'appliquer aux besoins des enfants dont il a la charge.

Je croirais assurément perdre mon temps et
abuser de celui de mon lecteur, si je m'attar-
dais à démontrer tout ce qu'a de spécieux cette
partie de la pétition. Je me bornerai à signaler
qu'un cinquième des inspections départementales se trouvent en ce moment confiées à des
médecins; je suis convaincu que l'administration centrale reconnaîtra sans conteste que le
zèle des uns n'est pas au-dessous du dévouement des autres; et que, s'il fallait décider du
choix d'une préférence, dans la balance de sa
justice le poids serait égal.

J'ai donc hâte de revenir aux premiers pa-
ragraphes des conclusions du rapport, comme

à l'article 1er du projet de loi, car dans ce projet je ne vois rien de sérieux et de grave que ce retour aussi funeste que peu justifié vers un système depuis longtemps abandonné pour les raisons très-graves que je vais m'efforcer de mettre en lumière.

Je comprends comment l'éminent écrivain, le savant docteur, le critique véhément, a pu séduire ainsi qu'il l'a fait quelques-uns de ceux qui ont lu son livre.

D'abord, comme le jeune Eliacin, il le présente sous la robe sans tache de la vérité, comme pour mieux protéger l'innocence des sentiments qu'il va mettre au service des petits enfants dont il prépare le tombeau. Puis il se présente lui-même plein d'une ardeur toute juvénile, la foudre d'une main, le drapeau de l'indépendance de l'autre, cette indépendance qui lui sied si bien ; critiquant tout ce qu'il voit, s'érigeant en protecteur passionné des petits enfants, qu'il prétend arracher à la mort certaine qui, sous toutes les formes, les menace, dans cet affreux service dont il voudrait être le chef pour en faire une perfection.

Placé comme sur un point culminant, les yeux fixés sur la vallée du Rhône, dont il connaît tous les détours et tous les secrets, de la grande et laborieuse cité lyonnaise à l'antique Marseille, il nous initie à toutes les horreurs qu'il voit, et, d'un ton quasi-prophétique, il nous dénonce la néfaste influence qu'ont sur le mouvement de notre population tous ces nouveau-nés que la mort emporte.

Rien n'était plus susceptible, à coup sûr, de passionner et d'entraîner à sa suite les hommes de cœur qui, se préoccupant de l'avenir de la patrie, et interrogeant ses chutes, cherchent par quels moyens on pourrait bien l'en relever.

C'est ainsi que le médecin a été écouté, et que son remède à de si terribles maux a été jugé digne des honneurs de la discussion.

Sa tâche est terminée; la nôtre commence. Si faible qu'il soit, nous devons, je le répète, dans toute la mesure de nos forces, donner tout notre concours à cette œuvre, qui est l'œuvre commune, car elle intéresse la patrie tout entière.

Lorsqu'il s'agit d'un service de l'importance

du nôtre, si rempli d'imprévu, échappant par tant de mystérieux détours aux investigations du législateur et du juge, ayant dans le passé de si lugubres annales, dans le présent si peu de fixité encore, et pour l'avenir offrant tant d'incertitudes et tant de craintes : je dis qu'il faut être bien prudent avant de consacrer par une loi un si dangereux instrument que celui qu'on nous propose.

M. le docteur Brochard, avant d'en arriver à cette extrémité, peut-il se flatter d'avoir suffisamment étudié le grand service qu'il prétend régénérer?

Je ne le crois pas, et je fonde ce doute précisément sur la manière dont il présente la question.

La France est actuellement divisée en quatre-vingt-sept départements.

Sur ce nombre quatre surtout sortent des conditions ordinaires des autres; ce sont les départements de la Seine, du Rhône, des Bouches-du-Rhône et de la Gironde. Restent quatre-vingt-trois parties de ce magnifique ensemble qu'on appelle la patrie française.

Et cependant, dans ses études approfondies, M. le docteur Brochard semble tout juger d'après ces quatre départements qui, en raison des conditions exceptionnelles dans lesquelles se trouvent placées les grandes villes qui forment leurs centres, sont l'exception à la règle générale.

Si, prenant moins l'exception pour la règle, l'honorable docteur s'était donné la peine d'étudier au milieu de nos services départementaux ce qui s'y passe, je suis convaincu que ce qu'il y aurait vu l'aurait rassuré, et que probablement, je le répète, sa conclusion eût été différente.

C'est partant de cette idée, qui me semble la vraie, que je me propose d'élucider cette grave question.

J'ai dit que quatre départements, sur quatre-vingt-sept, étaient dans des conditions tellement différentes des autres qu'il serait téméraire de les prendre comme types.

Édifier sur de telles bases un système général me paraîtrait à tous les points de vue une disposition dangereuse qui certainement compromettrait, au plus haut degré, l'économie qui, dans quatre-vingt-trois départements, présente pour la société et la morale de si sérieuses garanties.

Ces départements sont tous placés, à peu d'exceptions près, dans des conditions identiques. Ce qui se passe dans l'un a lieu dans l'autre; par contre, ce qui sera pratique pour l'un le sera certainement pour l'autre.

Nous devons donc rechercher, pour rester dans la vérité, si le système d'assistance en vigueur aujourd'hui répond généralement à toutes les exigences comme à tous les besoins. Dans le cas où des réformes et des améliorations seraient nécessaires, ne devons-nous pas en poursuivre l'étude dans ce milieu et pas ailleurs?

Que des dispositions particulières, exceptionnelles, soient prises pour les quelques départements qui se trouvent placés dans des conditions spéciales, rien de mieux. Mais, de grâce, n'introduisons pas dans nos services un système qui ne s'adapterait ni à leur taille, ni à leurs besoins.

Il me semble avoir de la sorte bien posé la question.

Après l'avoir étudiée au point de vue général, dans un examen rapide, je prendrai comme type le département du Gers qui, dans le passé comme dans le présent, offre toutes les conditions susceptibles de satisfaire à toutes les objections ; et, dans ce milieu, je chercherai la vérité ; j'étudierai si, oui ou non, le système des tours n'est pas vraiment dangereux à tous les points de vue.

Prenant le service pour ainsi dire à son origine, je le suivrai dans toutes ses phases ; j'en rechercherai la moralité ; j'analyserai les principes du mal en même temps que j'étudierai comment il se développe, et quelles proportions il prendrait à l'aide des tours.

Puis, passant à un autre ordre d'idées, je traiterai la question au point de vue économique, et je m'efforcerai surtout de démontrer que la suppression des tours n'a pas eu pour cause, comme l'insinue le pétitionnaire, la pensée peu avouable de réaliser une économie, économie qui aurait entraîné de véritables hétacombes d'enfants et coûté au pays une diminution notable de sa population.

Résumant enfin cette grave question, je conclurai moi aussi, et M. le docteur Brochard n'hésitera peut-être pas à accepter ma conclusion, qui aura du reste un certain degré de parenté avec une de celles qu'il avait signalées lui-même dans son fameux livre : *la Vérité sur les enfants trouvés.*

II.

Considérations générales sur les tours. De leur origine, et de leur mauvaise influence au point de vue social

A toutes les époques, l'humanité nous a donné l'affligeant spectacle de mères indignes de ce nom, créatures dénaturées qui, pires que les bêtes, abandonnaient leurs enfants, sans qu'après un pareil crime leurs entrailles fussent frappées de stérilité.

Et, chose étrange, soit pitié, faiblesse, indifférence ou peur, il semble qu'on se soit évertué comme à plaisir d'enlever son carac-

tère odieux à cet attentat, le plus souvent préjudiciable à la vie de l'enfant. De telle sorte que
de nos jours, où tant de merveilleuses conceptions témoignent de l'empire sans cesse
croissant du progrès, cet acte criminel n'est
même plus considéré comme un délit, puisqu',
suivant les circonstances qui l'accompagnent,
la justice n'a même pas le droit de rechercher son auteur.

Pauvres petits enfants trouvés! leur histoire
est aussi vieille que le monde. Il semblait cependant que de meilleurs jours se préparaient
pour eux; quarante années d'efforts soutenu
dans la pratique d'un système dont on commençait à apprécier les fruits, nous faisaient
concevoir la légitime espérance que leur pénible trace, s'effaçant chaque jour de plus en
plus, allait enfin disparaître du milieu de nos
misères sociales.

Et voilà qu'aujourd'hui certains esprits, bien
intentionnés sans doute, mais égarés par des
considérations tout à fait étrangères au système
qu'ils défendent, essaient de remettre au front
de ces enfants, que, moins cruels, nous appe-

lons *assistés*, le stigmate presque infamant d'*enfant trouvé*, dont nous étions parvenus à préserver le plus grand nombre en les conservant à leurs mères.

Au lieu de nous émouvoir et de craindre les effets qui peuvent résulter de la lutte à laquelle ils nous convient, nous nous en félicitons, au contraire, convaincus que rien ne saurait mieux servir la cause de nos enfants que cet excès dans lequel ils tombent.

En nous ramenant un demi-siècle en arrière, l'auteur de la pétition nous rend un réel service, en ce sens qu'il nous permet d'opposer à son système odieux un autre système avantageusement connu, qui n'avait rien moins que besoin de ce stimulant pour être enfin doté des réformes qui doivent en faire un instrument aussi parfait qu'on puisse le désirer. C'est en nous plaçant devant cet abîme, dont il semble ignorer les dangers, que nous sentons mieux s'éveiller nos défiances, grandir nos craintes et nos devoirs; il met devant nous un ennemi non pas redoutable, mais redouté, dont le hideux contraste fera ressortir, avec plus d'évidence encore, la rectitude de nos idées en matière d'assistance. Car, quoi qu'il dise et quoi qu'il fasse, nous marchons à la poursuite de l'idée, à travers le vaste champ de l'avenir, éclairés par le progrès, ce flambeau qui ne s'éteint jamais; tandis que lui, au contraire, moins heureux, voudrait emprunter au passé ce qui, pour l'honneur de l'humanité, se perd dans sa nuit.

Quelle que soit la carrière que parcoure l'idée de M. le docteur Brochard, nous devons le féliciter néanmoins du succès auquel ont déjà abouti ses efforts; si opposé que soit le chemin que nous suivions, nous n'en poursuivons pas moins le même but; avec des armes différentes nous combattons le même combat, pour la défense de la même cause et des mêmes intérêts sociaux, et nous saurons toujours reconnaître l'honneur qui lui revient dans cette lutte dont il aura été le premier combattant, et dans laquelle il n'y aura pas de vaincus.

Avant d'entreprendre l'examen des différentes opinions qui plaident en faveur du système opposé à celui des tours, je crois utile de retracer très-rapidement l'histoire lamentable des malheureux enfants qui nous occupent ; si succincte qu'elle soit, elle sera certainement intéressante et fera mieux apprécier la grave question qui forme le fond de ce travail.

Les peuples de l'antiquité n'avaient pas d'asiles charitables, et ce n'est pas chez eux qu'il faut chercher des dépôts pour les enfants trouvés. Chez les Grecs et chez les Romains, quand un enfant venait au monde, on le mettait aux pieds de son père : si celui-ci le relevait, il était censé le reconnaître ; s'il tournait le dos, l'enfant était mis à mort ou exposé. Les enfants exposés périssaient ordinairement de faim ou de froid ; et si l'on en recueillait quelques-uns, c'était pour les destiner : les garçons à l'esclavage, et les filles à la prostitution.

Il appartenait au christianisme d'apporter un soulagement au sort des enfants trouvés ; mais les premières mesures légales prises en faveur de ces malheureux ne datent que du règne de Constantin. En 315, ce prince enjoignit aux officiers publics d'Afrique et d'Italie de diminuer, autant que possible, le nombre des expositions en fournissant des secours aux parents trop chargés d'enfants pour pouvoir les élever ; mais en même temps, par une sorte de concession aux idées païennes encore enracinées dans les esprits, il reconnut un droit absolu sur les enfants trouvés à ceux qui avaient la charité de les recueillir et de les élever. Dès ce moment, les Pères de l'Église s'élevèrent avec force contre l'abandon des enfants, et les conciles prononcèrent la peine de l'excommunication contre ceux qui s'en rendaient coupables. Sous Justinien, une loi accorde *l'ingénuité* aux enfants trouvés et les place sous la protection spéciale de l'Église. Enfin, la charité des fidèles éleva, pour les recevoir, des asiles spéciaux, que l'on appela *Béphotrophies*, c'est-à-dire lieux destinés à nourrir les petits enfants. On manque de détails sur l'histoire de ces maisons, mais il est probable qu'elles disparurent à l'époque de l'invasion des Barbares. Plusieurs textes semblent faire allusion à des maisons de refuge existant au vi^e siècle et dans lesquelles les enfants trouvés étaient reçus, mais c'est seulement au viiie siècle qu'apparaît un hospice exclusivement destiné à ces malheureux.

Suivant Muratori, cet hospice fut fondé à Milan, en 787, par l'archevêque Daltheus. Au X° siècle, la Bourgogne vit naître un ordre religieux dont les membres devaient particulièrement veiller à l'éducation des orphelins et des enfants abandonnés.

En 1180, un autre ordre, celui du Saint-Esprit, ouvrit un hospice d'enfants trouvés à Montpellier; c'est le premier établissement de ce genre qu'il y ait eu en France. Marseille en eut un semblable en 1188, et son exemple fut peu après suivi par les municipalités de Bordeaux, d'Aix et de Toulouse, et beaucoup plus tard, en 1523, par celle de Lyon.

Mais ces diverses créations, et plusieurs autres du même genre que je passerai sous silence, n'étaient à proprement parler que le résultat d'efforts isolés : en dehors d'un petit nombre de villes, le sort des enfants trouvés était entièrement livré à la charité privée. On ne peut guère citer, comme mesure générale, qu'un arrêt du 13 août 1452, dont les dispositions, encore en vigueur en 1789, mais toujours mal exécutées, enjoignaient aux seigneurs hauts justiciers de se charger des enfants trouvés exposés dans l'étendue de leurs juridictions.

Les choses commencèrent à changer de face au XVIIe siècle. En effet, vers la fin du règne de Louis XIII, une bienfaitrice, dont on n'a pas conservé le nom, recueillit plusieurs enfants trouvés et les éleva dans une maison du quartier de la Cité, à Paris, que le peuple appela *Maison de la couche*. A sa mort, les femmes qui l'avaient aidée dans cette œuvre la continuèrent; cependant l'institution dépérit entre leurs mains, et il ne fallut rien moins, pour la relever, que l'intervention de saint Vincent de Paul qui la prit à sa charge.

Le sort de l'établissement fut dès lors assuré; toutefois il ne subsista qu'à l'aide de la charité privée jusqu'en 1670, où Louis XIV lui donna une existence légale sous le nom d'*Hospice des Enfants trouvés,* et le dota de douze mille livres de rente.

Ce fut également sous le règne de ce prince que fut consacré le droit des enfants trouvés à l'assistance.

En outre, plusieurs mesures furent prises

dans le but d'améliorer le sort de ces malheureux ; la dernière que l'on doive à l'ancienne
monarchie paraît être un don de cent vingt
mille livres que fit Louis XV à leur hospice, le
9 mai 1767.

A cette époque l'institution comptait près de
six mille enfants, dont huit cents à peine venaient des départements, et l'on portait à plus
de trente mille ceux que les hauts justiciers
avaient à leur charge.

En 1791, un décret de l'Assemblée nationale mit au nombre des dépenses publiques
l'entretien des enfants trouvés ; mais c'est le décret du 28 juin 1793 qui régit la matière pendant la période révolutionnaire. « La nation, dit
« cette loi, se charge de l'éducation physique
« et morale des enfants trouvés. Ils seront dé-
« sormais désignés sous le titre d'*orphelins ;*
« toute autre dénomination est interdite. Toute
« fille-mère qui déclarera vouloir allaiter elle-
« même son enfant aura le *droit* de réclamer
« les secours de la nation ; elle ne sera tenue
« qu'aux formalités prescrites par les mères de
« famille ; le secret le plus inviolable sera ob-

« servé. Les enfants abandonnés jouiront des
« mêmes pensions que la loi promet aux en-
« fants des familles indigentes. »

Quelques jours après (4 juillet), la Convention mettait le sceau à cette loi en décrétant
des encouragements aux filles-mères, et en
honorant leurs enfants du titre emphatique
d'*enfants de la patrie*. Mais la pénurie du Trésor ne permit pas d'exécuter ces extraordi-
naires inventions, empreintes assurément d'un
très-grand sentiment de générosité, mais absolument impraticables.

Ces souvenirs rétrospectifs nous ont conduits
jusqu'au commencement du XIXe siècle, époque
probable de l'existence des tours en France.

C'est du reste l'opinion de M. Valentin-
Smith, conseiller à la cour d'appel de Riom,
membre du conseil général de la Loire, et
secrétaire de la commission d'enquête instituée par arrêté de M. Dufaure, ministre de
l'intérieur, en date du 22 août 1849 ; c'est ainsi
que s'exprime, à ce sujet, l'honorable membre
de la commission :

« Malgré toutes mes investigations, je n'ai

trouvé aucune trace écrite sur l'introduction du tour en France, mais voici les renseignements et les traditions que j'ai pu recueillir à cet égard.

« L'existence des tours en France date du commencement du XIXe siècle. Le décret du 19 janvier 1811 est le premier acte de législation qui renferme l'expression de *tour*.

« Les-tours furent établis, sur divers points de la France, sous l'influence de l'heureuse réaction qui se fit sentir, au commencement du XIXe siècle, après tous les orages et tous les maux de la Révolution de 93.

« La loi du 28 juin 1793 avait produit le plus mauvais effet moral, même au milieu du désordre des idées de cette époque. Autant alors les sentiments de la pudeur publique avaient pu être blessés, autant on s'attacha désormais à offrir à la fille-mère des moyens de cacher sa faute. De là, chez nous, l'origine du tour[1]. »

Ces appréciations, tirées de la magnifique

---

1. *Enquête de* 1849. Tome Ier, p. 145.

discussion à laquelle a donné lieu l'enquête précitée, m'invitent à rappeler ici ce travail, sans contredit le plus remarquable et le plus considérable de tous ceux qui ont été fournis sur la matière.

L'arrêté du 22 août 1849, instituant la commission, était ainsi conçu :

ARRÊTÉ

DE M. LE MINISTRE DE L'INTÉRIEUR INSTITUANT LA COMMISSION DES ENFANTS TROUVÉS.

Paris, le 22 août 1849.

Au nom du Peuple français,

Le Ministre de l'intérieur arrête :

ARTICLE 1ᵉʳ. — Une commission est instituée à l'effet de préparer un projet de loi sur le service des enfants trouvés.

ART. 2. — Sont nommés membres de cette commission :

MM Victor LEFRANC, représentant du peuple, *président*;

DE LURIEU, inspecteur général des établissements de bienfaisance;

DE WATTEVILLE, inspecteur général des établissements de bienfaisance;

MM. DURAND SAINT-AMAND, ancien préfet ;

BAILLEUX DE MARIZY, ancien préfet ;

BLANCHE, conseiller de préfecture du département de la Seine ;

NICOLAS, chef de division à la direction générale des cultes ;

GIRAUD, membre de l'Institut ;

VALENTIN-SMITH [1], conseiller à la cour d'appel de Riom, ancien membre du conseil général de la Loire.

M. Valentin-Smith remplira les fonctions de *secrétaire*.

ART. 3. — Le secrétaire général du ministère de l'intérieur est chargé de l'exécution du présent arrêté.

Signé : J. DUFAURE.

Par arrêté du ministre de l'intérieur, en date du 30 août 1849, M. Louis Hamelin, avocat à Paris, agent général de la Société d'adoption pour les enfants trouvés, est nommé *secrétaire adjoint* de la Commission.

Pour copie conforme :

Le Secrétaire de la Commission,

Signé : VALENTIN-SMITH.

----

1. Par lettre du 22 août 1849, M. le ministre de l'intérieur a donné des ordres pour que tous les renseignements et documents réclamés par M. Valentin-Smith, au ministère de l'intérieur et aux administrations qui en dépendent, fussent mis à sa disposition.

Avant de parler de leurs travaux, d'en citer les passages saillants, j'ai tenu à présenter ce groupe d'esprits d'élite que l'administration de 1849, sous l'inspiration de notre illustre président du Conseil actuel, M. Dufaure, avait su distinguer pour marcher à la découverte du système le plus propre à satisfaire à toutes les exigences d'une si grave question. Ces hommes, on peut le dire, ont été l'objet du choix le plus heureux, et personne mieux qu'eux ne pouvait comprendre toute l'importance et toute la délicatesse de la mission qui leur était confiée. Ils échappent par leur position et leur indépendance aux critiques qui d'ordinaire s'attaquent aux commissions de cette nature, lorsqu'elles sont exclusivement composées d'hommes appartenant à l'administration. Jamais problème social n'avait été proposé à des esprits plus dignes et plus capables d'en rechercher tous les inconnus. Cette opinion me paraît si vraie, qu'à l'heure présente rien ne semble m'offrir un caractère plus saillant d'actualité que les délibérations de cette assemblée qui, après trente années, apparaissent, au milieu de tout ce qui a été écrit, comme un chef-d'œuvre où l'esprit, le cœur, la sagesse, la raison, la morale, la vérité se révèlent dans toute leur puissance.

Une chose me frappe et m'étonne, et ce n'est pas un des moindres sujets d'admiration que peut offrir aux esprits intègres et sérieux cette assemblée de sages : pendant la longue et laborieuse discussion qui a trait à la question des tours, deux membres de ce groupe d'élite, par une discrétion digne de si grandes âmes, se dispensent de prendre part aux travaux de la commission : ce sont MM. de Lurieu et de Watteville, tous deux inspecteurs généraux des établissements de bienfaisance.

Membres de l'administration, ils ont privé du concours de leurs lumières et de leur science spéciale leurs savants et honorés collègues.

Cette retraite fait l'éloge des uns comme des autres ; elle honore l'administration qui dans ses rangs possède de si délicats serviteurs, de même qu'elle élève ceux devant lesquels s'inclinent des compétences de la valeur de celles de MM. de Lurieu et de Watteville.

J'essaierai de coordonner de mon mieux les passages les plus remarquables de cette magnifique discussion. Mais, je dois l'avouer, si facile que cette tâche paraisse, mon embarras n'en est pas moins très-grand, et je ne sais vraiment comment déterminer mon choix dans cette œuvre où tout est à citer, car tout y est digne d'attention, jusque dans les moindres détails, depuis le commencement jusqu'à la fin.

Mais je serai satisfait et j'atteindrai mon but si, par l'aperçu que je donnerai de cette œuvre importante, je puis exciter mon lecteur à lire dans le livre lui-même ce que je ne pourrais citer ici ; car, j'en suis certain, de ligne en ligne l'intérêt allant sans cesse grandissant, par curiosité autant que par conscience, par conscience autant que par plaisir, il trouvera trop courte cette joute entre la logique et la sagesse, entre l'esprit et le cœur, qui forment tout l'attrait de ce choc d'idées d'où la lumière jaillit avec toutes ses évidences et ses clartés radieuses.

Au frontispice de cette œuvre, unique en son genre, l'honorable M. Dufaure, ministre de l'intérieur alors, actuellement président du

Conseil, a écrit cette vérité qui à elle seule suffirait pour condamner le tour :

« Il y a dans la question des enfants trouvés, dit-il, une chose qui sera toujours vraie partout, c'est que l'exposition d'un enfant est une immoralité de la part de la mère qui l'abandonne [1]. »

La première chose qui a frappé ce grand esprit, c'est l'immoralité qui s'attache à l'abandon. Or, qu'est-ce que le tour, sinon l'expression la plus hideuse de cette immoralité que favorise cet instrument terrible !

M. Victor Lefranc, président de la commission, divise la question de la manière suivante :

« Il y a, dit-il, dans la question du tour [2] :

« L'argument religieux ;

« L'argument moral ;

« L'argument légal ;

« L'argument humain ;

« L'argument politique ;

« L'argument financier ;

---

1. *Travaux de la commission des Enfants trouvés.* Tome 1er, 1819, p. 6.

2. *Id.,* p. 159 et suiv.

« Il y a, enfin, la question de remplacement de cette institution, dans le cas où elle serait supprimée.

« ARGUMENT RELIGIEUX.

« Examinons d'abord l'argument religieux.

« Sur ce terrain, l'on a posé en présence l'un de l'autre le double principe de la responsabilité individuelle et de la réversibilité des mérites.

« Responsabilité, dogme légal.

« Devant le législateur, du moins en matière ordinaire, c'est toujours le principe de la responsabilité qui a prévalu.

« Les lois civiles le consacrent dans le cas du dol, de la fraude, de la négligence, de l'ignorance même et de la simple impéritie.

« Elles le consacrent contre le tuteur, le mandataire, le père et la mère ; contre celui qui agit, celui qui laisse faire, celui qui omet, contre celui qui se trompe sur son droit.

« Elles le consacrent de mille manières par l'action donnée aux intérêts individuels, au ministère public, aux simples intérêts moraux et d'affection ; ici par des nullités et des déchéances de plein droit, là par des incapacités ; ailleurs, soit par des condamnations qui ordonnent de faire ou de ne pas faire, de payer, de garantir, soit par des dommages-intérêts, des réparations publiques, par des amendes, par des dépens. Les lois pénales pratiquent le dogme de la responsabilité d'une manière plus énergique encore. —

« Elles ne le pratiquent pas seulement contre le crime, le délit, la contravention intentionnelle, mais même contre l'imprudence, la négligence, contre la seule inobservation des règlements, contre la simple contravention matérielle.

« Elles l'appliquent avec rigueur :

« Contre la fortune par l'amende,

« Contre la liberté par la prison.

« Elles l'appliquent par l'infamie, malgré le droit de l'expiation et de la personnalité des fautes ;

« Par la surveillance, malgré le droit du repentir ;

« Par la perpétuité, la mort civile, et même
par la mort naturelle, au mépris des chances de
l'erreur.

« Les unes comme les autres ne font fléchir
le dogme de la responsabilité que par des considérations personnelles, locales, circonstan-
cielles, discrètes, soigneusement appréciées.

« Elles ne l'adoucissent qu'en faveur de l'excuse, du repentir, de la réparation.

« Elles ne le font disparaître que devant ce
qui l'exclut, savoir : la force majeure ou la défense légitime.

« Donc la responsabilité n'est pas un dogme
païen, c'est un dogme légal.

« Nous faisons une loi, donc c'est le dogme
de la responsabilité que nous devons suivre.

**Responsabilité et réversibilité, dogmes également
religieux.**

« Au point de vue religieux même, le dogme
de la réversibilité est-il donc exclusif du dogme
de la responsabilité ?

« Oui, sans doute, en ce sens que la peine est ajournée jusqu'après la mort par respect pour le repentir, pour les mérites de la Rédemption.

« Mais il y a une peine, un pardon, pendant la vie.

« La peine consiste dans le maintien de la faute ; le pardon, dans la remise.

« Sans doute ce pardon est dû au nom de la Rédemption ;

« Mais n'est-il pas subordonné à l'accomplissement de certaines conditions de la part du coupable, comme : l'aveu, le repentir, le ferme propos, la fuite de l'occasion prochaine d'une rechute, et surtout l'humilité aux yeux des autres, la réparation et la restitution ?

« C'est là de la responsabilité au premier chef.

« Sans doute le pardon est chrétien. On a les exemples, qu'on a souvent cités : de la Madeleine, de la femme adultère ; on a celui de saint Pierre lui-même.

« Mais le pardon n'était pas inconnu à la loi, divine aussi, du peuple juif, et cependant le dogme de la responsabilité y dominait encore. Dès les premiers jours de l'homme, Dieu, en promettant un pardon ajourné jusqu'à la Rédemption, établissait une responsabilité immédiate et directe dans l'enfantement douloureux, dans le travail par la sueur, dans le châtiment par les enfants.

« Est-ce que ces effets de la responsabilité ont disparu avec la loi chrétienne ? Non.

« Ils ne doivent donc pas disparaître des lois humaines.

« Dira-t-on que le principe de la responsabilité, bon pour les lois civiles et répressives, cesse de l'être dans les lois charitables et d'assistance ?

« Ce qui vient d'être dit à l'instant semble une réponse suffisante.

« D'ailleurs, il y a trois idées dans ces mots : loi charitable et d'assistance publique :

« Il y a l'assistance qui est du domaine de la charité libre, libérale, prodigue ;

« Il y a l'assistance publique, ce qui implique l'idée d'une association d'efforts, d'un concert de volontés, d'un contrat ;

« Il y a la loi, ce qui implique une obligation, un droit, une règle.

« L'assistance pure, c'est-à-dire la charité libre, peut ne tenir aucun compte du mérite de ceux à qui elle donne, ni même de leur véritable intérêt. Elle donne, pour la rémission de ses propres fautes, pour l'amour de Dieu, autant que pour l'amour du pauvre. Et, en agissant ainsi, elle est même souvent blâmable ; elle est souvent nuisible ; elle est souvent impuissante ; il en est qui lui préfèrent la charité bien ordonnée, qui songe aussi à soi.

« Le devoir de songer à soi est bien plus étroit encore pour l'assistance publique.

« Toute association doit : respect aux volontés qui la forment ; efficacité aux efforts qui la fécondent ; règle aux intérêts qui l'inspirent ; bon exemple et bon précepte aux faiblesses qu'elle secourt ; aide et respect aux lois du pays où elle surgit.

« Ce devoir devient plus grand quand il s'agit de la charité légale.

« La loi charitable elle-même ne peut écrire et pratiquer l'impunité, sa propre complicité, la provocation réglée au crime. Elle ne peut racheter un crime en en donnant la monnaie en délits, en payant la faute en secours aveugles.

« La loi charitable doit commander et défendre comme il convient à l'assistance, c'est vrai ; mais elle doit aider et secourir comme il convient à la loi. Son indulgence doit être intelligente, sa sévérité doit être prudente. Elle doit appliquer sainement les deux dogmes.

« C'est ainsi qu'on les a toujours pratiqués en pareille matière. Je me borne à citer les bureaux de bienfaisance, les ateliers de charité et les hospices.

« C'est ainsi qu'il faut les pratiquer en matière d'enfants trouvés.

« ARGUMENT MORAL.

« Il y a longtemps qu'on a écrit, avec l'exagération de la poésie comique :

Et ce n'est pas pécher que pécher en silence.

« Avec la prétention du moraliste :

« L'hypocrisie est un hommage que le vice rend à la vertu. »

« Ce langage n'est ni celui de la morale religieuse qui a écrit : « Malheur à celui par qui viendra le scandale ! » ni celui de la loi, ni celui de la nature.

« La faute est rarement inconnue ; si elle est connue et exempte de châtiments, elle est le vrai scandale.

« Ce scandale devient monstrueux quand la loi, au lieu de conseiller, de surveiller, d'empêcher, de punir, a peur de la révolte du méchant et se fait son complice, son provocateur.

« Le devoir naît aussi de la faute ; en effet, accompli, il l'atténue ; méprisé, il l'aggrave.

« Le scandale naît avec elle, il augmente et diminue comme elle ; mais le châtiment exemplaire n'est pas un scandale.

« Le signe visible de la faute est un châtiment ; car il emporte l'aveu, il entraîne la gêne, il impose le devoir. Il est parfois une réhabilitation, car il exerce l'amour, il réveille le repentir, il crée une sorte de sauvegarde.

« On dit que là où il y a plus d'enfants trouvés, il y a moins d'enfants naturels.

« En tous cas, là où il y a moins d'enfants trouvés, il y a moins d'abandons, et, à plus forte raison, moins d'infanticides, moins d'avortements. Il y a, comme on dit, plus de courage dans le vice ; et puisqu'on ne va pas, pour le cacher, jusqu'à l'exposition, on ne doit pas aller jusqu'au meurtre ; par conséquent, les conceptions y égalent les naissances, le chiffre est un total.

« Là où il y a plus d'enfants trouvés, au contraire, la bonté des mœurs, comme on dit encore, la sévérité des jugements, que sais-je ? la honte, toutes ces causes en augmentent le nombre.

« Or, l'infanticide, l'avortement, conséquences analogues, doivent aussi résulter de ces mêmes causes, suivant que les cas sont plus graves, que les consciences sont plus timides, les lieux plus sévères et les situations plus délicates.

« Totalisez ce qu'on perd avec ce que l'on trouve, et comparez ce total avec ce que l'on garde, et osez affirmer que l'inégalité ne change pas de place.

« Il n'y aurait qu'un moyen de supprimer le scandale, et ce moyen, que nul ne proposa jamais, serait de séquestrer la mère comme on séquestre l'enfant. Des enfants prisonniers de la charité, tandis que la mère est libre dans son oubli et dans son égoïsme, voilà le scandale public, universel, démoralisateur.

« Ceci répond à la critique que l'on fait, au point de vue du scandale, des secours aux filles-mères. On ne les donne que dans les cas de misère, et on ne les refusera pas aux mères légitimes.

« Ce scandale général devient plus grave encore, en se concentrant sur le corps médical ; ce corps, en effet, entrevoit l'abandon au bout de tous ses soins : il finit par le favoriser.

« Il moissonne ainsi la déconsidération ; il apprend de la loi à excuser, à préférer l'abandon, et bientôt il pousse logiquement jusqu'à l'extrême la doctrine de l'erreur du scandale, la doctrine de la transaction avec le vice, avec le crime.

« De l'abandon longtemps toléré, il arrive à l'avortement, qu'il raffine, qu'il dissimule, et

dont il finit par faire une simple affaire d'hygiène ; voilà le vrai scandale, d'autant plus
grand qu'il ne rougit plus.

« ARGUMENT LÉGAL.

« Dans la loi civile la recherche de la paternité est interdite, et cela à raison de l'incertitude ; mais la recherche de la maternité ne
l'est pas.

« Il ne faut pas faire à cette dernière une
incertitude égale à celle de la paternité.

« Or, le tour a ce résultat : il ferme les yeux
à la lumière ; il ferme la bouche aux témoins ;
il désarme l'enfant qui cherche sa mère ; il désarme la mère qui cherche son enfant ; il désarme l'État, qui doit la protection aux deux.

« Dans la loi criminelle, l'abandon avec délaissement est un délit.

« Notre loi ne doit pas encourager ce délit.

« Elle ne doit pas le faciliter, et surtout le
récompenser.

« *Le tour légal est illogique ; il dément tout, il
rend tout impuissant.*

H. PALLU.   4

« ARGUMENT HUMAIN.

« Une loi d'assistance doit renfermer ses libéralités dans la limite des principes religieux, des règles de la morale. Elle doit en outre renfermer ses exigences dans les limites de l'humanité.

« Une loi sur les enfants trouvés doit être humaine : pour la mère, pour le père, surtout pour l'enfant.

« Or, le tour est une cruauté pour ces trois intérêts ; il est une cruauté comme le sont toutes les faiblesses.

« Nous n'invoquerons pas les statistiques pour prouver qu'il ne fait qu'encourager les relations illégitimes, multiplier les abandons, et augmenter, ou du moins laisser croître les naissances illégitimes, les avortements, les infanticides et le nombre des mort-nés.

« Une bonne statistique est impossible, car elle a une date trop récente ; et d'ailleurs elle s'applique à des lieux trop divers et à des circonstances trop différentes ; ces différences viennent surtout du mode de tenue des tours,

de leur nombre et de leur situation, eu égard
à l'étendue du ressort, à l'importance de la
population, et à la nature des mœurs et des
industries locales.

« La statistique n'a pas assez étudié la réaction d'une mesure prise en un point sur l'état
de choses maintenu ou établi sur un autre point.

« Constatons du moins que, malgré ces reproches, elle est contre le tour; on ne peut
l'invoquer contre nous.

« En attendant, nous ne devons faire d'autre
statistique que celle de la conscience humaine,
celle des sentiments naturels, celle des déduc-
tions logiques.

« Étudions-les avec détail.

« Les partisans du tour disent :

« La misère n'est parfois qu'accidentelle ;
vous n'aurez rien fait en la constatant au moment de la naissance ; elle pourra cesser
bientôt.

« Ils disent encore :

« La honte est farouche, il faut la respecter.
En l'effarouchant, on ferme la porte au repentir; on pousse à un crime plus grand.

« Nous répondons au premier argument, celui de la misère :

« C'est précisément parce que la plus grande cause de l'abandon est la misère que nous voulons la constater, afin de la soulager, de la suppléer, de la suivre pour lui adresser un appel nouveau quand elle s'améliore, et même pour répondre à son appel quand elle redevient puissante et qu'elle redemande son enfant. Le tour en décharge l'avenir aisé, comme le présent misérable ; le tour le confisque sur les ressources de demain, comme sur l'indigence d'aujourd'hui.

« Nous répondrons au second argument, celui de la honte :

« 1° La honte n'est pas, de beaucoup, le mobile habituel de l'abandon. L'abandon puise bien plus abondamment aux sources de l'immoralité et de la misère.

« 2° Il est des hontes qu'il n'est pas possible de respecter : celle par exemple qui va droit à la suppression d'état, d'état légitime surtout ; car ceci est un crime égal à tous les autres, et n'admet pas de transaction.

« 3° On ne peut respecter que ce que l'on connaît : donc, il faut connaître les motifs de cette honte après la faute, honte tardive, égoïste, inhumaine, donc, il faut s'assurer qu'elle n'est pas l'immoralité, la misère.

« Ces deux plaies ont besoin d'un autre remède que celui du respect.

« Or, le tour confond les produits de la honte, de l'immoralité, de la misère ;

« Il confond les enfants légitimes avec les enfants naturels ;

« Il accueille les bonnes et les mauvaises hontes.

« 4° On ferme la porte au repentir en supprimant, au lieu de les maintenir, et le châtiment et le remords.

« 5° Nous allons démontrer que le tour supprime, à la fois, et la résistance des jeunes filles, et les scrupules des séducteurs, et les chances de moralisation ultérieure ;

« Qu'il ouvre une voie criminelle qui va s'élargissant et se creusant sans cesse par une pente irrésistible.

« Or, il est évident que le tour facilite l'abandon et mérite par suite les mêmes reproches.

« On l'avoue en disant qu'il n'effarouche pas la pudeur, la honte, dont le tour est, dit-on, le refuge assuré.

« Le tour est donc, en réalité, il est l'abandon facile, prémédité, il est l'abandon aveugle, l'abandon inépuisable, permanent.

« Après avoir constaté cette identité, examinons quel doit être l'effet de l'abandon ou de la conservation de l'enfant sur la fille-mère, sur le père inconnu, sur l'enfant.

« 1° Sur la fille-mère : La perspective de l'abandon facile de l'enfant, fruit, preuve et châtiment de la faute qu'on lui montre et qu'on lui demande comme un plaisir, la fera succomber plus vite.

« La crainte de la maternité est la seconde pudeur de celle qui a déjà fait le sacrifice de sa vertu : la supprimer, c'est lui enlever son dernier, son plus sérieux moyen de défense.

« Elle succombe : débarrassée de son enfant, elle reconquerra physiquement une disponibilité nouvelle; elle redeviendra fille, sans remords, sans gêne, sans témoin, sans leçon ; elle conservera une apparence de pureté, et elle en recueillera les avantages. Elle ne verra pas clairement les maux qui en suivent la perte ; elle ne les ressentira pas. Elle confondra la vérité avec les apparences et perdra le sens moral.

« De deux choses l'une, ou elle continuera ses relations avec le père de l'enfant abandonné, et alors pas de mariage possible réhabilitant le père et la mère par l'enfant. Un crime, entre eux deux, habitera avec leur première faute, avec leur criminelle habitude. Ce sera l'amour sans lien, sans frein, au sein duquel les rechutes seront fréquentes. Bientôt fatigués, inquiets ou blasés, ils passeront de l'abandon à l'avortement, de l'avortement à l'infanticide. Ils passeront de l'amour à la débauche, de la débauche à la prostitution. L'homme deviendra le proxénète de sa concubine, de sa complice. Tous deux feront pour les autres le métier qu'ils ont fait pour eux-mêmes. Ils seront l'exemple, le précepte, l'auxiliaire de tous les vices. Ce sera une tentation organisée, active, avide, irrésistible.

« Ou bien la fille-mère abandonnera le père comme l'enfant.

« Ils fuiront, l'un dans l'autre, cette aptitude matérielle à la paternité, à la maternité.

« Ils fuiront ce remords, cette honte, cette crainte, vivant dans chacun de leurs regards, dans chacune de leurs paroles, de leurs caresses et de leurs disputes.

« La conscience de sa faute, la facilité du crime qui la cache, rendront la femme ou faible ou hardie vis-à-vis des autres hommes. De séduite elle deviendra séductrice. Elle cumulera, en les variant, les concubinages, les abandons; elle se fera une réputation de bonheur ou d'habileté, grâce à laquelle elle leurrera, moissonnera ou enhardira toutes les moralités, toutes les pudeurs, toutes les timidités qu'elle trouvera sur son passage. Elle gagnera le titre de prostituée en effaçant en elle toute aptitude maternelle.

« Et si le ciel veut qu'elle devienne encore mère, après avoir eu toute honte bue, hélas! et toute honte payée, elle se relèvera peut-être dans un cri de douleur reconnu par ses entrailles; elle se relèvera dans la plainte de l'en-

fant, pleine de souvenirs pour elle ; elle se relèvera dans la joie ou la jalousie de l'allaitement.

« Et si, en goûtant le fruit des hasards d'une
dernière débauche, elle se souvient du fruit
abandonné de sa première faute, de son enfant
de jeune fille, craignez qu'elle ne le demande
en vain au tour qui l'aura dévoré.

« Elle n'oserait même l'y chercher. Comment
le montrer à son père ? Comment se montrer
à eux ?

« Que sera-ce si la jeune fille, trompée ou
coupable, ne devient pas la prostituée que je
viens de peindre ? Que sera-ce si, par impossible, elle échappe aux conseils, aux persécu-
tions, aux exigences, aux moqueries des hideux
confidents qu'elle a dû se donner ? Que sera-ce
si, par miracle, elle supplée, dans sa faute per-
sistante, aux bons conseils dont le mutisme et
la cécité du tour l'ont privée, si elle y supplée
par le calcul de son intérêt, de sa conscience ?

« Ou elle ira tromper un galant homme, pour
à jamais fermer ses bras à son enfant, pour
changer en un vol tout secours qu'elle détour-
nerait de sa nouvelle famille, en un crime toute

recherche qu'elle ferait de son enfant perdu; pour partager un amour impossible, incomplet, honteux; enfin, pour rougir et souffrir d'un bonheur immérité.

« Ou même elle restera seule et courageuse; et quand elle sera libre, résignée, seule, elle ne pourra ni relever son enfant, ni s'appuyer sur lui.

« Et si elle le retrouvait, elle en serait épouvantée : on lui rendrait peut-être un voleur, un assassin ou une prostituée.

« *Le tour tue donc, dans la mère, tous les devoirs, tous les droits, tous les enseignements, toutes les espérances de la maternité.*

« 2° Quel est l'effet du tour sur le père ?

« L'histoire de la mère est la sienne aussi.

« Il fera, soit avec elle, soit avec d'autres femmes, ce qu'elle fera de son côté, soit avec lui, soit avec d'autres hommes.

« Il n'aura ni le seul châtiment, ni la seule menace, ni le seul remède qui puisse arrêter ses débauches : il n'aura ni la notoriété, ni le doute, ni la dépense, ni la gêne, ni la honte, ni la pensée de la réparation du mariage.

« 3° Étudions maintenant l'effet du tour sur

l'enfant abandonné. C'est de lui que nous devons surtout nous occuper.

« Nous faisons sa loi; elle doit sauver ses intérêts, sa vie, son avenir.

« Le seul motif, la seule excuse du tour, c'est la conservation de la vie de l'enfant.

« On a bien dit aussi qu'il fallait le confisquer à l'immoralité des parents; mais on a, selon moi, victorieusement réfuté cette exagération d'un bon sentiment.

« Ce droit de confiscation n'existe pas pour la société. Elle ne l'a pas sur le fils du voleur, sur le fils de l'assassin, sur le fils de celui qui garde son enfant par effronterie, par calcul.

« Ce droit serait la négation même de la famille. On ne saurait le puiser dans le besoin de le préserver d'une immoralité que le tour légal crée ou augmente, et que l'enfant pourrait mieux corriger lui-même à l'aide d'une moralité que le tour ne lui donne pas, qu'il ne trouve pas sous la tutelle de l'État, ainsi que le prouvent les statistiques.

« Les raisonnements qui vont suivre le démontreraient, alors même que des faits irrécusables, unanimes, ne suffiraient pas à cette démonstration.

« Revenons à la vie de l'enfant, que le tour, dans l'esprit des partisans qu'il a, est destiné à sauver.

« Et d'abord, il est loin de le préserver de la naissance : car la naissance, le tour l'encourage, et c'est un funeste présent, outre que c'est une exhortation au mépris de la loi, de la morale.

« Le premier, le meilleur moyen de sauver sa vie, c'est de lui épargner sa naissance.

« En second lieu, le tour n'assure pas le respect de la vie de l'enfant.

« La statistique fournirait plutôt un enseignement contraire. Mais la raison parle plus haut encore que la statistique.

« Il faut écarter d'abord les abandons pour cause de misère. C'est le plus grand pas, et le secours en fera raison.

« Il reste l'abandon pour cause de honte. Mais le secret des tours peut être remplacé par la discrétion de l'administration, et la discrétion est encore le secret ; elle est, de plus, le discernement. On pourra même vendre cette discrétion au profit de l'enfant et à la décharge de l'État.

« D'ailleurs, le tour, promis à la mère, ennuie parfois ceux qui le lui promettent, et souvent l'enfant reste en route.

« A la récidive, elle secoue cette gène, elle retranche ses ennuis, elle fuit ses confidents, elle en vient à l'avortement, elle va jusqu'à l'infanticide.

« Il y a mieux ou pire, l'expérience le prouve ; la mère qui tue son enfant se dit : « *Si l'on m'accuse, je répondrai que je l'ai fait déposer au tour* », et l'on sait l'influence d'une défense facile sur la facilité du crime.

« Enfin, le tour fait espérer un secret complet, définitif ; et, à ce titre, il inspire le besoin du plus grand secret dans la naissance, dans la gestation et dans le choix des confidents, choix qui va droit aux plus mauvais, aux plus dangereux pour l'enfant.

« Dans l'accouchement, toutes les précautions sont mortelles.

« Le tour mène à l'hospice ceux qui ont survécu à ces précautions.

« L'hospice est une étape meurtrière.

« La nourrice se fait attendre;

« L'enfant n'attend pas toujours.

« Puis, vient un voyage ;

« L'enfant n'arrive pas toujours.

« De tous ces dangers résulte une mortalité de 80 p. 100.

« L'enfant conservé par sa mère est moins dissimulé pendant sa grossesse et moins caché à sa naissance.

« Tout le reste lui est épargné : aussi la mortalité est moins considérable.

« Donc le tour excite à la procréation illégitime. Il ne défend pas de l'infanticide; loin de là, il hâte la mort à chaque mouvement secret que l'enfant subit pendant les deux premières périodes de sa vie officielle.

« Donc le tour manque, huit fois sur dix, le but qui l'excuse, le but qui l'explique, le but qui le motive.

« Veut-on que le tour, au moins, sauve quelques existences (et quelles existences, grand Dieu !) parmi ce cinquième qui échappe ? Il faut savoir quelle rançon on jette en pâture à l'abandon, ce monstre insatiable, pour racheter ces quelques malheureux! Nous ne parlons plus de la mère, nous ne parlons plus du père ni de l'enfant qui meurt, ni de l'honneur du corps médical, ni de la vraie morale, ni de la dignité de la loi... Nous ne parlons que de l'enfant qui survit au tour, grâce au tour.

« On donne pour cette vie : la vie de ceux qui auraient été arrachés à l'abandon par la suppression du tour; on donne sa propre santé à lui, on donne toute sa force pour le travail : pour le travail de sa jeunesse, de son âge mûr, de sa vieillesse. L'hospice est un mauvais berceau.

« Voilà pour l'ordre physique.

« Vous donnez pour cette vie : son intelligence, son aptitude d'inclination, de raison, de naissance. L'hospice est une mauvaise école.

« Voilà pour l'ordre intellectuel.

« Vous donnez pour cette vie : le cœur de l'enfant, tout sentiment de la famille, la connaissance même de l'existence, des bienfaits, des devoirs de ce lien sacré et fécond.

« Vous donnez : et tout mouvement de re-

connaissance, et tout mouvement de résigna-
tion; ils sont remplacés par le regret, l'amertume, le doute, la haine de la société, par le
mépris des femmes, des mères surtout, car
parmi elles est la sienne. Ils sont remplacés par
l'envie de la propriété d'autrui.

« Vous donnez pour cette vie : tout sentiment
filial, duquel seul peut naître le sentiment paternel, et en le rendant incapable de ces deux
sentiments, vous créez en lui toute une génération d'abandons.

« Vous donnez pour cette vie : tout esprit de
séjour, de patrie, car la famille est le type de
tout cela.

« Voilà pour l'ordre moral.

« Vous donnez trace de ses droits, même de
ses droits légitimes, toutes chances de garder
ou retrouver ses droits à des secours, à des ali-
ments, à une reconnaissance, à un héritage, à
une légitimation, à une réhabilitation; tout ce
qui est la famille même.

« Vous donnez toute possibilité de conquérir
ces droits, soit en se créant des titres, soit même
en tâchant de toucher un cœur, d'intéresser un

amour-propre, de satisfaire un besoin, de rendre un bienfait pour une cruauté.

« Voilà pour l'ordre civil.

« N'avais-je pas raison de dire que c'était là un véritable sacrifice humain.

« ARGUMENT POLITIQUE.

« On a proposé de respecter les vœux des conseils généraux. Pour être logique, on a dû proposer de respecter à la fois, et les vœux de ceux qui n'établissent pas des tours, et les vœux de ceux qui les suppriment, et les vœux de ceux qui les maintiennent, et les vœux de ceux qui les suppléent, c'est-à-dire l'anarchie ! Est-on sûr que tous ces vœux soient du moins bien réfléchis ou suffisamment étudiés ? Les préfets sont-ils d'accord avec les conseils, et les mandants avec les mandataires ? Les suppressions, les maintiens, les surveillances, ne se commandent-ils pas entre départements voisins par le simple reflux des expositions ?

« Je peux citer le département des Landes.

« C'était, avec son tour unique, la sentine de tous les départements voisins.

« Une étude raisonnée sortirait-elle du moins de cette liberté ?

. « Non : il n'y aurait aucun esprit de suite, dans le fait ou dans l'étude du fait. La loi du tour doit être une. Elle doit être la suppression ou le maintien du tour, obligatoire pour toute unité administrative.

« La loi est faite précisément pour niveler la moralité et pour répartir les charges suivant les besoins, et non suivant les caprices, les préjugés ou les opinions.

« ARGUMENT FINANCIER.

« Nous n'avons pas de caisses de retraite pour les ouvriers, pas d'assistance organisée pour les temps de chômage, pas de maisons de refuge pour la mendicité[1], pas de secours assurés pour toutes les misères honnêtes.

« Et le budget de l'État est en déficit ;

---

1. Il existe maintenant des dépôts de mendicité ; sont-ils suffisants ? C'est une autre question.

« Les budgets départementaux sont impuis-
sants;

« Les budgets communaux sont dérisoires;

« Les budgets hospitaliers sont condamnés
à la dureté par la pénurie;

« Le budget même des enfants trouvés est
insuffisant;

« Le tour tend à les obérer tous; ·

« On a dépensé 10 millions, on dépense 7 millions.

« Cette suppression n'est due qu'à la surveillance des tours, qui est une vraie suppression;
au déplacement des enfants, qui entraîne le
décuplement des causes de mortalité et n'est
qu'un second abandon et une nouvelle suppression de la famille adoptive, comme de toute
chance de retrouver la famille naturelle; qui
est un moyen violent, incapable de frapper deux
fois le même coup, parce qu'il décourage l'adoption, qu'il immobilise le mal en mobilisant les
victimes, et qu'il crée une dépense croissante
en créant une économie momentanée.

« Il faut diminuer cette dépense, il faut l'empêcher d'augmenter, il faut la mieux consacrer

à d'autres besoins, à d'autres misères, à cette misère même des enfants trouvés. Il faut supprimer le tour.

« Mais comment remplacer cette institution?

« REMPLACEMENT DU TOUR.

« Le tour supprimé, que faut-il mettre à sa place?

« On propose :

« 1° L'admission à bureau ouvert qui serait le tour sans pudeur;

« 2° L'admission débattue avec offre de secours; dans ce cas, tout est dans le choix du juge, qui doit être discret, ferme. Cette admission suppose la confidence et amène l'exhortation.

« Le secret est gardé ou plutôt conservé, quelquefois même payé, plus souvent secouru.

« Nous choisirons.

« Pour moi j'opine pour la suppression du tour. Dussé-je me contenter de l'exhortation et du secours offert, dussé-je me condamner à la répression de l'abandon accompli sans confidence légale, sans demande de secours, sans offre de subvention.

« Faisons autre chose que le tour ; nous ne saurions faire pire.

« Cette conclusion, la plus rigoureuse de toutes, se justifie ;

« On dit aux filles-mères par la voix de la loi :

« Voulez-vous le secret ? Faites l'aveu. Nous vous refusons le secret gardé. Nous vous offrons le secret conservé. Nous vous demandons de contribuer aux soins de l'enfant que vous nous confiez avec votre secret. Vous l'avez confié à de moins dignes.

« Voulez-vous un secours ? Si vous le voulez, montrez votre misère ; gardez votre enfant, soyez prête à le reprendre.

« Voulez-vous, au contraire, le scandale de la recherche, de la poursuite, du châtiment ? Abandonnez votre enfant sans nous faire la confidence de votre maternité, sans en remplir aucun devoir : ce sera justice.

« Je vote pour la suppression du tour. »

J'ai tenu à citer tout entier ce remarquable et très-savant plaidoyer contre le système des tours; il répond à la majeure partie des objections qui ont été faites, il y répond victorieusement.

L'argumentation qui en forme la substance en est brillante, claire, précise, concluante, invincible; elle s'élève avec une autorité indéniable contre les prétentions, peut-être un peu audacieuses, de l'auteur de la pétition; il semble qu'elle soit écrite d'hier tout exprès pour les combattre; elle plane au-dessus de cette œuvre mal équilibrée comme pour se jouer de sa fragilité et défier toutes les craintes qui lui servent deprétexte; on sent, en un mot, qu'elle s'appuie sur la logique des principes primordiaux qui forment la base des sociétés, et non sur des faits particuliers, se modifiant suivant l'influence des milieux dans lesquels ils se développent.

En effet, on est loin de trouver dans le livre de M. le docteur Brochard cette argumentation nourrie qui répond à tout et qui prévoit tout. Il se contente de mettre en évidence des faits isolés, qu'il analyse à sa façon, qu'il généralise même, et dont il tire les conséquences les plus hypothétiques, pour aboutir incessamment à présenter la suppression des tours comme la conséquence évidente de toutes les énormités qu'il signale, et leur retour comme le suprème remède à ces crimes, *qu'il voit suinter à travers les pâles feuilles qui passent sous ses yeux; à ces hécatombes d'enfants victimes d'économies inavouables.* -

Je ne saurais mieux le comparer, dans cette cause dont il se fait l'interprète, qu'à ces opérateurs audacieux qui, emportés par la passion aveugle de leur art, ne voient dans une opération que l'attrait qu'ils y attachent, sans s'inquiéter davantage si la vie du malheureux qu'ils y condamnent n'est pas l'enjeu de cet amour du bistouri qu'ils aiment à voir courir sous la chair ensanglantée et palpitante.

Oui certes, la société est malade, il y a de cela bien longtemps; elle l'était en naissant, et ce sont les empiriques qui ont augmenté son mal. Traitons-la donc, cette grande et sympathique malade, comme elle mérite de l'être, avec cette prudence que commande la sagesse, cette douceur qui n'exclut ni la fermeté, ni l'énergie; n'employons pour elle aucun de

ces remèdes violents, aucune de ces opérations hasardeuses qui ne peuvent que l'épuiser
et l'énerver davantage ; respectons-la surtout
dans sa morale, car c'est là son cerveau et son
cœur.

C'est précisément ce qu'ont compris MM. les
membres de la commission instituée par arrêté
du 22 août 1849. L'étude consciencieuse et
pudique, pour ainsi dire, qu'ils ont faite de la
très-grave question confiée à leur sagesse en
est la preuve indiscutable, puisque, après trente
années, elle nous reste comme un chef-d'œuvre
plein d'actualité, encore tout palpitant d'intérêt
et d'autorité.

On peut sans doute rectifier, à l'aide de l'expérience, certains détails d'application, mais on
ne saurait en attaquer la base sans troubler et
compromettre gravement les fibres les plus délicates de notre système d'économie sociale.

La discussion s'est produite dans les conditions les plus favorables pour assurer la solution
heureuse de la question. Chacun y a apporté le
concours de son savoir, de son expérience, de
ses impressions, de ses convictions, de sa cons-

cience honnête, de son indépendance, de son amour de la vérité et de la justice.

Parmi les membres de la commission, il s'est rencontré d'ardents partisans du système des tours, et si cette opinion s'est modifiée en eux, s'ils se sont ralliés à leurs adversaires, on ne saurait l'attribuer à aucune autre cause qu'à cette lumière qui naît du choc des idées au profit de la vérité.

M. Nicolas a été certainement, parmi les membres de la commission, celui qui était le plus opposé à la suppression des tours. A peine la discussion était-elle ouverte que déjà il le faisait pressentir; l'exquise loyauté avec laquelle il manifeste cette opinion donnera de suite la mesure des qualités qui distinguent cet éminent esprit; c'est ainsi qu'il s'exprime :

« La question de conservation ou de suppression des tours est décourageante lorsque l'on veut en sonder les difficultés. Il n'y a véritablement que le travail en commun qui puisse la faire envisager avec quelque confiance.

« Déjà j'ai eu occasion de me prononcer sur cette question; mais je l'oublierai en ce mo-

ment pour ne me préoccuper que de la réexa-
miner avec la plus complète indépendance, en
me défendant surtout avec le plus grand soin
de l'aborder avec un esprit de système[1]. »

On ne saurait vraiment parler un langage plus
honnête, la sagesse qui l'a inspiré est digne de
l'esprit élevé qui l'a conçu. Les lignes qui vont
suivre démontreront combien était ferme dans
son esprit l'opinion de l'honorable membre de
la commission, et combien il a fallu de puissance aux arguments de ses collègues pour
ébranler de telles convictions au point de l'a-
mener à se rallier au système contre lequel, au
début, il se prononçait avec tant d'énergie.

« Dans la réalité, qu'est-ce que le tour ? C'est
un exutoire, en quelque sorte, et un égout,
mais un exutoire et un égout nécessaires pour
sauver l'enfant de la mort ou de la perversité,
la mère du crime, la société du scandale. Si
vous le supprimez, ne croyez pas pour cela que
vous supprimerez le mal ; vous le ferez refluer
dans l'intérieur du corps.

---

1. *L'Enquête de 1849*. Tome Ier, p. 98.

« Il faut se garder de l'empirisme ! »

M. Alfred Blanche va se charger de répondre à cette objection.

« Tout en avouant les inconvénients du tour, on en réclame la conservation comme celle d'un remède nécessaire. Le tour, a dit M. Nicolas, est un exutoire, un égout qui sert à débarrasser le corps social d'une humeur vicieuse qui le travaille.

« Il s'agit de savoir si cette comparaison n'est pas plus spécieuse que fondée, et, fût-elle fondée, si le remède dont on parle ne serait pas encore pire que le mal.

« Vous n'ignorez pas qu'il est dans la nature de certains remèdes de ronger le corps sur lequel on les applique ; il ne faut donc s'en servir qu'avec précaution. Il y a plus, s'il devient constaté par les résultats que le remède est dangereux, qu'il augmente le mal au lieu de le guérir, je dis qu'il y faut renoncer, le remplacer par un autre mieux approprié.

« C'est justement ce qui nous arrive dans la question présente ; la plaie morale de la société, pour laquelle vous considérez les tours comme un exutoire, résulte des naissances illégitimes. Eh bien, si j'apprécie les tours par les effets qu'ils ont produits, je suis amené à conclure que leur institution est une mesure détestable. Maintenant, serait-il exact de dire que tout remède est supprimé si vous supprimez les tours? Non, sans doute, puisqu'il ne s'agit que de remplacer une institution reconnue vicieuse par une institution dont vous attendez de meilleurs résultats. Vous craignez le mal du scandale, le mauvais exemple qui sera offert à tous les yeux par la présence des enfants naturels élevés auprès de leurs mères.

« M. Durand Saint-Amand a répondu à cette objection en faisant ressortir tout ce qu'il y a d'avantages pour la moralité de la mère, pour celle de l'enfant, pour la morale publique même, à fortifier le sentiment de la maternité même naturelle. Et si, malgré tout cela, vous redoutiez encore la présence au milieu de la société d'enfants naturels élevés par leurs mères, je vous demanderai si vous pensez n'avoir rien à craindre de ces enfants trouvés ou abandonnés que la complaisante facilité de vos tours va jeter en immense multitude, isolés au sein de cette même société, sans aucun frein ni lien de famille. Croyez-moi, le remède dont vous parlez trahirait votre confiance ; il n'enlèverait pas le mal, il le ferait refluer, plus abondant et plus pernicieux, vers une autre partie du corps social.

« On a beaucoup insisté sur cette pensée : Sauvez la honte, ménagez la honte de la mère afin de ne pas la pousser, par le désespoir, à commettre un crime.

« Déjà M. Durand a répondu sur ce point ; il vous a montré qu'en effet ce sentiment de la honte est tutélaire ; il vous a fait voir le parti qu'il est possible d'en tirer dans l'intérêt bien compris de la morale publique, dans l'intérêt personnel de la mère et de l'enfant, mais à une condition, c'est que ce sentiment, vous ne le flatterez pas, mais vous le dirigerez.

« Je n'ai pas à reproduire son argumentation si vive et si pénétrante. Mais j'arrêterai encore un instant vos regards sur les effets que ce sentiment de la honte peut produire, surtout parmi les populations des campagnes, où il conserve le plus de sa force native Vis-à-vis la fille de la campagne, la séduction, en général, rencontre plus de scrupules à vaincre, plus d'inquiétudes à apaiser.

« Eh bien, avec les tours, vous offrez au séducteur les moyens de combattre et de dissiper ces scrupules et ces craintes, vous offrez le moyen facile et sûr d'échapper à la honte en dissimulant sa faute, d'en ensevelir le résultat dans l'abîme du tour, où personne ne le découvrira.

« Cet obstacle était le seul peut-être qui pût conserver quelque puissance : votre tour l'aplanit.

« Vous avez ménagé la honte de la malheureuse fille au détriment de sa moralité [1]. »

Rien ne me semble plus juste, à coup sûr, que toutes ces objections, la question est ici placée sur son véritable terrain : les campagnes.

M. le docteur Brochard ne s'est pas assez occupé de la question à ce point de vue ; pour

____

1. *Enquête de* 1849. Tome Ier, p. 126.

mieux dire, il l'a négligée complétement, pour ne se préoccuper que des villes, surtout des grandes.

Je l'ai déjà dit, toute l'inanité de son système vient de là ; il a perdu de vue l'unité pour ne s'occuper que de la fraction. Cette fraction offre certainement un très-vaste et très-intéressant sujet d'études, mais de là à en faire le point d'appui d'un système général, il y a tout un abîme, et passer sans le voir serait tomber dans l'absurde. Notre expérience nous en préservera, il faut bien l'espérer.

Les campagnes : Ah ! de grâce, ne perdons pas de vue ces immensités, au milieu desquelles les villes disparaissent comme des navires sur le vaste Océan. N'oublions pas que la plus grande masse de la population de la France est composée par les habitants des petites villes et des campagnes ; que les habitudes de ces populations nombreuses diffèrent essentiellement de celles des habitants des grandes villes ; que la corruption des mœurs ne trouvant pas comme dans celles-ci ni le même aliment, ni la même facilité pour se dissimuler et se cacher, il est

plus facile de la combattre avantageusement.
Considérons surtout que chaque jour davantage
l'assistance temporaire aux filles-mères, malgré
son insuffisance constatée; se fortifie dan snos
mœurs, au point de s'affirmer de plus en plus
comme la règle de nos services départementaux.

Presque toutes les filles-mères acceptent aujourd'hui de garder leurs enfants. Au premier
moment, cette charge semble dure, cela se com-
prend ; mais, peu à peu, bien vite même, elles
s'habituent à ce fardeau que l'amour maternel
rend bientôt léger et doux à porter. La famille
maternelle, elle aussi, oublie et pardonne la
faute, qui a été pour elle un si cruel sujet de désespoir, par la compensation qu'elle trouve dans
son effet. L'enfant, ce pauvre innocent, dédom-
mage amplement par ses sourires et ses caresses
de toutes les larmes dont il a été la cause ; on
le voit déjà grandissant et devenir, en ces temps
où les bras manquent partout, un auxiliaire
précieux pour la culture de cette terre nourrice, dont il serait probablement devenu la pâture si sa mère ne l'avait pas conservé.

Je vais encore puiser à cette source intarissable que me fournit l'enquête de 1849, en empruntant à M. Durand Saint-Amand son opinion et son autorité sur cette partie de la question.

« Dans la vie agricole, dit-il, l'impossibilité de cacher une faute commise est presque absolue : l'habitude et la nature des relations du voisinage, la nécessité même des travaux de la campagne rendent difficile la dissimulation de la grossesse. Supprimez la perspective du tour, exercez une surveillance discrète et intelligente sur l'état des filles enceintes, faites apparaître à leurs yeux l'inévitable responsabilité de l'accomplissement d'un devoir ou d'un crime, assurez à la misère une assistance protectrice et charitable, et vous aurez tari les sources les plus fécondes des abandons et des infanticides. La population des enfants naturels ne diminuera pas par l'effet de telles mesures ; mais, dût-elle s'accroître, j'aime mieux les enfants naturels (au moins ils ont une mère, une famille peut-être, des proches, l'espoir du retour d'un père et de la légitimation) que les enfants délaissés et abandonnés aux hospices.

« La vie des villes offre un aspect différent ; la corruption et la débauche s'y présentent sous d'autres formes. Si, dans la classe industrielle, l'oubli des mœurs est plus fréquent, la maternité est plus facilement acceptée. Dans la classe aisée, riche, et riche surtout des bienfaits de l'éducation, la démoralisation atteint plus rarement les filles, mais les dangers de l'adultérinité sont plus grands.

« A toutes ces tristes hypothèses, à ces diverses éventualités du vice, un remède est nécessaire, et c'est pour elles qu'une protection peut quelquefois être due à la conservation du secret [1]. »

Il y a réponse a tout dans cette enquête, la question y a été étudiée sous tous les aspects, et les lignes qui vont suivre ne contribueront pas peu, je l'espère, à démontrer tout ce qu'a de défectueux l'article Ier de la proposition de loi qui oppose l'un à l'autre les deux systèmes des tours et des secours temporaires.

Ainsi que je le disais dans mon rapport

_____

1. *Enquête de* 1849. Tome Ier, p. 19.

annuel, où déjà j'ai traité les points les plus saillants de cette importante question : rien de plus incompatible que ces deux systèmes, ils se combattent l'un par l'autre, et l'on peut, sans crainte, avancer que l'abandon, par l'entremise du tour, aura la préférence 80 fois, au moins, pour 100 sur les secours temporaires.

J'en prends à témoin le passé qui nous en donne la preuve irrécusable, alors que les tours fonctionnaient alternativement avec le second mode d'assistance, à l'époque où leur suppression fut décidée et déjà mise en vigueur. Quant au présent, il ne saurait modifier cette opinion, les intentions des filles-mères pendant leur grossesse, et souvent même après, ne peuvent permettre aucun doute à cet égard.

Il était très-important de bien préciser cette opinion, afin de mettre en défiance certains esprits qui auraient pu se laisser influencer en faveur de la proposition de loi, par suite de l'apparence favorable qu'offre l'union des deux systèmes.

Pour peu que l'on s'en donne la peine, il ne

sera pas difficile de se convaincre de l'évidence de cette prétention, qui est juste partout.

M. Durand Saint-Amand a développé, dans sa discussion, ce point particulièrement intéressant à propos de la nécessité du secret par le bureau d'admission; je ne puis me dispenser de signaler ce passage qui fait suite à ce que je viens de citer de lui plus haut:

« La Commission ne m'accusera pas d'un esprit d'hostilité envers cette fatale nécessité du secret; j'ai été le premier à en proclamer la légitimité exceptionnelle. Rien ne m'a paru plus digne de compassion, et quelquefois de respect, que cette infortune de la femme voulant cacher sa faute, la voiler sous le mystère, et cherchant ainsi à épargner à sa famille, à la société, le scandale public d'une naissance illégitime. Mais je n'ai pas dit que je corroborais ce droit du silence par le droit détestable de l'abandon. Je veux bien qu'une femme sauvegarde son honneur par le mystère, mais je ne veux pas qu'elle le sauve aux dépens de la vie de son enfant, ni même aux dépens de sa santé et de son avenir. Je ne veux pas que ce droit de l'abandon, bien différent du délaissement, que ce droit consacré exceptionnellement, et, si vous le voulez, à titre de refuge *à la pudeur,* devienne, grâce à la facilité du tour, un encouragement à la débauche, à l'impudicité, à l'avarice, lorsque ces vices honteux sont poussés au point de dessécher la fibre maternelle. Enfin, je ne reconnais à personne le droit de dire : « Cet enfant, fruit de mes faiblesses ou de mon crime, ou cet enfant, fardeau de ma misère, obstacle à mes vues, à mes spéculations, à mon ambition peut-être, je m'en débarrasserai par ma seule volonté, je m'en débarrasserai sans crime, ou du moins sans qu'il en rejaillisse sur mes mains aucune souillure de sang ; je le rejetterai à la charge de l'État, sans que l'État puisse jamais connaître son origine, ni me demander aucun compte, à moi ni à personne. » Et ce sont là, remarquez-le, les fatales et inévitables conséquences de l'institution du tour ; l'honorable M. Nicolas espère en vain que le tour pourra être conservé exceptionnellement pour des cas rares et dignes de la pitié du législateur. L'exception, croyez-le bien, s'effacera devant l'abus ; la spéculation et le vice ne manqueront jamais de prendre la place que vous voulez réserver à la pudeur [1]. »

Les effets de la suppression partielle des tours ne seront pas un moindre sujet d'édification. Le passage suivant, emprunté encore à la si remarquable discussion à laquelle s'est livré M. Durand Saint-Amand, va nous offrir à ce propos de très-intéressantes observations qui nous amèneront à examiner les tours au point de vue des infanticides, cet argument sur lequel semble par-dessus tout compter M. le docteur Brochard :

« Il est un fait remarquable qui domine la question et dont il n'est pas possible de méconnaître l'importance, c'est celui de la diminution des expositions produite par la suppression des tours. M. Giraud a rapporté, à la dernière séance, cette intéressante observation, que le décret de 1811, ayant reçu son application à Mayence après l'occupation française, les expositions, jusque-là fort rares, y devinrent aussitôt

---

1. *Enquête de* 1819. Tome Ier. p. 120.

très-fréquentes ; mais, après la chute de l'empire, notre législation fut abandonnée, le tour supprimé, et les expositions disparurent avec lui.

« A ce fait curieux, je demande la permission d'en ajouter un autre, dont j'ai pu moi-même faire l'observation, avec soin, dans un département remarquable par sa situation, par son étendue, par le nombre et la nature de sa population, le département du Nord, que j'avais l'honneur d'administrer en 1848.

« Dans le département du Nord, antérieurement à 1836, il existait cinq tours, et la moyenne des expositions annuelles s'élevait à environ 600.

« De 1836 à 1843, les cinq tours furent successivement supprimés, et le nombre des expositions n'atteignit plus que le chiffre de :

« 11 en 1844,
« 7 en 1845,
« 2 en 1846,
« 8 en 1847.

« Et, pour le dire en passant, le crime d'infanticide, qui, dans le département du Nord, sur une population de plus d'un million d'habitants, ne dépasse pas une moyenne de 6 à 6 1/2, n'a présenté que deux exemples en 1848, durant cette année de détresse et de misères de toute nature.

« Enfin, ces observations locales, dont je ne puis multiplier ici les citations, sont confirmées par l'observation générale que rapporte M. de Watteville. — Or, voici ce qu'il constate pour toute la France :

« De 1819 à 1833, le nombre des enfants trouvés et abandonnés s'est élevé de 99,346 à 129,699.

« De 1834 à 1838, 185 tours ont été supprimés dans les divers départements.

« En 1838, le nombre des enfants trouvés n'était plus que de 95,624.

« En 1845, dernière année relevée par lui, il était de 96,788.

« Et durant cette période le chiffre le plus fort qui ait été atteint a été celui de l'année 1841, qui s'est élevé à 97,948.

« Ainsi, il est certain qu'une réduction considérable dans cette triste population a été le résultat de la suppression partielle des tours. Il y a, sans contredit, dans un tel fait, un puissant enseignement qui doit nous encourager à marcher dans la voie du progrès si heureusement tentée déjà. Il ne s'agit plus aujourd'hui que de généraliser ce progrès par l'application d'une loi uniforme sur toute l'étendue du pays [1]. »

« Mais quelle sera cette loi, et quel en devra être le fondement ? Je l'ai fait pressentir, en disant que la morale est *une* et qu'elle est partout la même. Oui, plus que toute autre, la loi qui nous occupe, et qui aura pour but de mettre une digue aux débordements de l'immoralité, cette loi devra être basée sur les règles éternelles de la morale ; et, pour préciser, j'invoquerai ici deux principes qui se recommandent au double point de vue religieux et philosophique.

« Le premier de ces principes, je le définis : le droit de vie inhérent au fait de la naissance, droit d'où découle pour la société un devoir corrélatif, celui de combattre les chances de mortalité qui menacent l'enfance, et de lui as-

---

1. *Enquête de* 1849. Tome Ier, p. 112.

surer une protection qui l'aide à se développer et à grandir.

« Le second principe, je le fonde sur le dogme de la responsabilité humaine. Tout acte impose à celui qui l'accomplit la nécessité d'en subir les conséquences : *l'enfantement impose le devoir de la maternité.*

« Ces vérités sont incontestables : elles sont absolues en elles-mêmes; mais leur application peut-elle être contestée ? Ainsi, la responsabilité doit-elle être appl'quée avec une rigueur absolue, — ou bien peut-il être permis de transiger quelquefois avec l'accomplissement du devoir de la maternité, soit en sacrifiant l'intérêt de l'enfant à celui de la mère par la garantie du secret donnée aux naissances illégitimes, soit, au contraire, en faisant prévaloir l'intérêt de l'enfant sur celui de la maternité, en dépouillant quelquefois celle-ci lorsqu'elle sera trouvée indigne ?

« C'est ce qu'il faut examiner.

« Il est une pensée qui semble avoir tous les caractères d'une éclatante vérité, car elle se retrouve chez tous les écrivains et les moralistes

qui se sont occupés de la question des tours :
elle a fait la raison principale des 55 conseils
généraux qui, en 1849, avec plus ou moins de
conviction, en ont demandé le maintien ; et,
chose remarquable, elle s'est retrouvée formu-
lée, par la même expression, dans la bouche de
l'honorable M. Giraud, qui conclut à la suppression des tours, et de l'honorable M. Nicolas,
concluant à leur maintien. Cette pensée est
celle-ci : que le tour est un refuge *offert à la
pudeur*. Je demande la permission de rechercher si cette pensée n'est pas plutôt un préjugé
que l'expression d'un sentiment vrai, et si elle
n'appartient pas à cette multitude d'idées, en
quelque sorte préconçues, qui ont comme un
cours forcé dans le monde, qui s'imposent à
nous par cela seul qu'elles sont généralement
reçues, et qui dominent le jugement des consciences les plus fortes et les mieux éclairées,
faute peut-être d'avoir été soumises à une analyse suffisamment solide.

« Rien de plus sacré sans doute et de plus
touchant que la pudeur ! Et la honte de la faute
commise, ainsi que le repentir, efface presque

la faute, mais à la condition de ne pas en entraîner une seconde. Or, quel est ce respect pour la pudeur qui vous conduit à encourager, à faciliter tout au moins l'abandon par le tour, pour sauver quoi ? l'apparence d'une vertu trompeuse, les dehors d'une virginité perdue ou d'une fidélité conjugale trahie ! N'est-ce pas là plutôt consacrer l'hypocrisie et honorer le mensonge ? Et c'est pour arriver à ce résultat de protéger quelquefois une pudeur au moins douteuse, que vous voudriez assurer toute espèce de facilité et d'encouragement à l'impudicité flagrante, au vice éhonté !

« Ce n'est pas tout : vous dites que le tour est un *refuge offert à la pudeur*. Prenez garde que le tour ne soit, au contraire, une facilité offerte à la violation des saintes lois de la pudeur. Il est vrai, la passion a des entraînements irrésistibles, et dans les cœurs qu'elle embrase, nulle réflexion ne peut précipiter ou retenir la chute de la pudeur. Mais quoi ! dans l'étude qui nous occupe, la passion violente, irrésistible, n'est jamais qu'un fait exceptionnel. La dépravation et le vice ne sont-ils pas le fait le plus commun? Or, avant de succomber aux perfides conseils du vice, la pudeur résiste et se défend, soit qu'il parle par la bouche d'un maître dissolu, s'efforçant de débaucher sa servante, ou d'une femme abominable recrutant pour son infâme industrie. Aux séductions et aux promesses que tous deux font briller, la pudeur alarmée offre d'abord une vive résistance, et, près de succomber, elle laisse échapper encore ce dernier cri : « *Mais si je deviens mère, que ferai-je de mon enfant?* » Alors se montre la perspective du tour, la consolante pensée que l'enfant, qu'elle ne pourrait garder sans afficher sa honte et sans accroître sa misère, sera reçu par des mains tendres et bienfaisantes, que ses premières années seront entourées de soins, son avenir protégé et assuré. Ah! si, au contraire, la voix du démon tentateur n'avait à répondre à ce cri de la nature que par la perspective du crime, de l'infanticide, de l'abandon, la résistance ne serait-elle pas plus énergique, et la pudeur ne trouverait-elle pas un puissant auxiliaire dans le sentiment de la maternité et dans la prévision d'une responsabilité terrible?

« C'est ainsi que la réflexion nous amène à une plus juste appréciation des faits, et cette appréciation plus vraie, la philosophie viendra la fortifier et la confirmer. Comment envisager dans le tour ce prétendu *refuge offert à la pudeur* sans songer aussitôt à ces *asiles* sacrés que les anciens offraient autrefois aux criminels? Car la honte n'est pas l'apanage de la femme seule : le repentir efface également toutes les fautes; et c'était aussi une pensée de pitié qui protégeait alors les coupables prosternés sous le poids de leurs remords et embrassant humblement les saints autels. Mais la loi moderne, plus morale parce qu'elle est plus éclairée, plus juste à la fois et plus sévère, attend le criminel avec le châtiment et lui inflige les peines de la responsabilité. Sachant trop bien que la sincérité du repentir et l'efficacité de la honte sont des replis les plus secrets du cœur humain, la loi humaine laisse à Dieu, qui seul peut lire dans les cœurs, le jugement éternel qu'il lui appartient de porter dans sa miséricorde ou dans sa rigueur.

« Est-ce à dire, cependant, qu'il faille pros-

crire d'une manière absolue toute espèce de
tempéraments à l'inflexibilité de la loi ? Non,
et tout à l'heure nous proclamerons la nécessité contraire. Nous saurons reconnaître en
effet que, dans ces choses qui nous occupent,
la fragilité humaine apparaît de telle façon, que
nul ne pourrait, sans frayeur, lui appliquer
dans toute sa sévérité le dogme de la responsabilité. Nous constaterons, en outre, au nom de
la vérité, que l'inégalité de condition entre
l'homme et la femme, qui arme l'un d'un
ascendant si souvent fatal sur l'autre, et lui
permet de se soustraire par l'incertitude et la
dénégation au partage de la responsabilité après
le partage de la faute, impose à la loi un devoir
de commisération et de pitié. Mais ce que je
demande à la loi, c'est d'exercer cette commisération et cette pitié avec sagesse et discernement, et non d'ouvrir une porte béante à tous
les fruits du vice et de la dépravation, à tous
les calculs de la perversité.

« Ainsi, lorsque je proscris le tour, je respecte la morale, je n'offense pas la pudeur, et,
vous le savez déjà, je ne provoque pas à l'infan-

ticide. Ici surtout je pourrais invoquer le secours de la statistique, montrer l'exemple de
la Belgique, où les infanticides sont plus nombreux dans les provinces qui possèdent des
tours, plus rares dans celles qui n'en ont pas,
m'appuyer enfin sur les chiffres rapportés par
M. Remacle. Mais c'est encore à la philosophie et à l'étude du cœur humain que je préfère demander un guide plus sûr pour la solution d'un problème qui tout d'abord étonne
l'esprit.

« La question est de savoir si le tour provoque l'infanticide ou s'il en éloigne? Eh bien,
n'est-il pas vrai que le tour est un encouragement à la dissimulation de la grossesse, que la
clandestinité de la grossesse conduit à celle de
l'accouchement? Mais la fille infortunée qui
s'est promis le mystère et préparé l'isolement
a-t-elle pu calculer l'effrayante étendue du sacrifice fatal qu'elle s'est imposé d'accomplir ?
A-t-elle prévu les douleurs inouïes qui l'atten-
dent, cette prostration infinie des forces physiques et morales qui suit l'acte de la délivrance,
et l'impossibilité où elle sera d'atteindre à elle

seule le but qu'elle s'est proposé, l'accès du tour? Non, et alors, dans un état impossible à décrire de douleur, d'épuisement, de désespoir, l'égarement s'empare d'elle : livrée au découragement de l'abandon, loin de toute consolation, elle sent se réveiller avec une force nouvelle la honte, cette honte que vous avez cru préserver, et dont l'exaltation ne lui permet plus d'apercevoir d'autre ressource que le crime, le crime d'infanticide ou celui de délaissement. Dites moi qui l'a conduite à cet abîme si ce n'est l'espoir du tour? Le sentiment de la maternité, ce premier germe d'amour éveillé par les premiers tressaillements, par les premiers signes de vie de l'être qu'elle porte dans ses flancs, elle l'a combattu, étouffé durant neuf mois entiers, par la pensée du tour, par la perspective de cet asile doux et humain, qui doit protéger à la fois et son secret et la vie de son enfant. Ah! si elle pouvait calculer à l'avance de quels périls l'accès du tour est entouré, l'impossibilité d'y porter elle-même son enfant, la lutte qu'il lui faudra subir, l'égarement auquel elle pourra succomber, qui vous dit que cette pudeur, que cette honte que vous voulez tardivement protéger, ne serait pas place à un autre sentiment aussi pur, aussi élevé, mais plus humain et plus fertile en bonnes inspirations, le sentiment de la maternité ?

« Ainsi, je vois dans le tour non un refuge à la pudeur, mais un encouragement à la violation de ses lois, non une ressource contre l'infanticide, mais un encouragement à la clandestinité qui y conduit ; j'y vois l'oubli de toute responsabilité, j'y vois la protection du mystère offerte à la prostitution, à la débauche, et favorisant jusqu'à l'abandon des enfants légitimes.

« La loi qui repose sur l'institution des tours n'est donc pas une loi essentiellement morale. Et j'ai eu raison, en vous conviant à rappeler dans la loi nouvelle les prescriptions seules éternellement vraies de la morale, d'invoquer la responsabilité, source d'avertissements salutaires, et de ramener la société au devoir sacré pour elle de protéger l'enfance et d'écarter d'elle les chances effrayantes de mortalité qui pèsent aujourd'hui sur la classe si nombreuse des enfants trouvés ou abandonnés. »

Les observations qui précèdent sont décisives et seront, dans le procès contre les tours, des arguments qui s'élèveront avec le plus de puissance contre eux.

Quoi qu'ils disent et quoi qu'ils fassent, les partisans de ce système ne pourront jamais le justifier de cette accusation qui se pose devant eux, sans réplique sérieuse possible.

Du reste, il ne faut pas se le dissimuler, le but et l'esprit du décret du 19 janvier 1811 ne fut jamais d'ouvrir toute grande la porte aux abandons. Les tours, au contraire, furent considérés comme un moyen terme placé entre la misère et le vice, pour recevoir leurs fruits les plus mauvais, ceux qui étaient alors déjà la proie de l'exposition sur la voie publique. On leur ouvrit ce refuge pour les soustraire aux dangers de cette exposition qui était le plus souvent une cause de mort pour eux. Si un seul instant on eût pu prévoir qu'ils favoriseraient les désordres du vice, aussi bien que les imprudences et les audaces de la séduction, en aspirant tout ce qui devait émaner d'eux, enfants naturels et même enfants légitimes, il y a tout lieu de penser que jamais on n'eût été tenté de recourir à leur intermédiaire.

La circulaire du 15 juillet 1811 ne laisse pas subsister le doute à cet égard :

« Aux termes du décret du 19 janvier, y est-il dit, il doit y avoir au plus un seul dépôt par arrondissement. Le but principal de cette disposition est de faire cesser l'abus résultant de la multiplicité des hospices où ces enfants étaient précédemment admis. Elle doit donc recevoir promptement son exécution. . . . .

. . . .

« Si le nombre des dépôts excède celui des arrondissements, les préfets les réduiront, ainsi que le veut le décret du 19 janvier, à un au plus par arrondissement.

« Cette dernière expression, *un au plus par arrondissement*, indique suffisamment qu'il faut réduire autant que possible le nombre des dépôts ; il faut le borner aux besoins des localités et tendre à rompre, sans nuire à la conservation des enfants, toutes les habitudes funestes qui sembleraient légitimer l'exposition des enfants, que l'ordre social a destinés à être élevés par leurs parents [1]. »

M. Victor Lefranc, président de la Commission, en citant le même passage de la circulaire ministérielle, l'accompagne des réflexions suivantes :

« Il ressort évidemment de ces citations que le décret de 1811 a été conçu dans la pensée, et a eu pour but de restreindre et non de faciliter l'exposition des enfants, même par le moyen de l'hospice ; la circulaire qui vous a été citée ne laisse pas de doute à cet égard ; mais elle n'est pas le seul document officiel qui appuie cette interprétation.

« Ainsi peut s'expliquer cette espèce de contradiction que présente, dans ses dispositions même, le décret du 19 janvier 1811. Ce décret semble retirer de la main gauche ce que la droite a concédé.

« L'article 3 du décret porte : Dans chaque

---

1. Circulaire du directeur général de la comptabilité des communes et des hospices. (Baron Quinette, *aux préfets.*)

hospice destiné à recevoir des enfants trouvés, il y aura un tour où ils devront être déposés. »

« Mais, en même temps, l'article 4 réduit à un, *au plus,* par arrondissement, le nombre des hospices où les enfants pourront être reçus ; mais l'article 23 menace de punition ceux qui feraient du tour un usage habituel. Cette dernière disposition semble autoriser et justifier la surveillance des tours ; or, vous savez que cette surveillance équivaut à la suppression, ou pis encore.

« Il semble que les auteurs du décret aient eu une sorte de conscience, de pressentiment des mauvais effets que la mesure nouvelle des tours pouvait produire. Et il est permis de croire que si Napoléon avait pu, dès le jour où le décret fut présenté à son approbation, prévoir les résultats que l'expérience vous fait connaître aujourd'hui, il l'eût repoussé avec indignation au lieu d'y apposer sa signature [1]. »

Cette analyse serait certainement incomplète si j'omettais de parler de l'imprudente opinion

----

1. *Enquête de* 1849. Tome Ier, p. 204.

qu'émettent certains auteurs, partisans du tour, qui ne craignent pas d'insinuer que cette idée est éminemment chrétienne, et d'en attribuer l'origine à saint Vincent de Paul.

C'est vraiment bien peu connaître, et surtout bien mal juger ce héros de l'humanité que de le soupçonner capable d'une telle conception.

Si de son temps on s'était permis de présenter un pareil système comme auxiliaire de la bienfaisance, son exquis sentiment de la charité et de la morale s'en fût certainement révolté, et il aurait soulevé en lui une tempête d'imprécations contre cette invention aussi inique que malsaine.

M. Alfred Blanche dit à ce sujet :

« Il me reste un dernier mot à dire sur cette erreur produite, sans doute, et entretenue par une association d'idées peu réfléchies, celle qui consiste à placer les tours sous l'influence de saint Vincent de Paul.

« Il faut en finir avec cette imputation, au moins inexacte, qui prétend abriter sous un patronage vénéré une mesure qu'il conviendrait dans tous les cas d'apprécier par ses résultats.

« Voyons donc ce qu'a fait saint Vincent de Paul à l'égard des enfants trouvés.

« J'emprunte mes autorités à une source qui ne sera pas suspecte, à la citation reproduite dans la brochure de M. Nicolas, page 22 [1].

« En ce temps-là, disent les historiens, on voyait un déplorable effet de la détresse des familles et de la dépravation des mœurs; on exposait, dans les places publiques et dans les rues de la capitale, les enfants abandonnés en naissant: on les vendait pour une pièce de 20 sous; les pauvres surtout les achetaient à vil prix, comme des instruments de pitié pour exciter la commisération publique. On en portait beaucoup à Notre-Dame, et il était permis, à ceux qui les voulaient, de les prendre, ce qui donnait lieu à de grands abus; des gueux les prenaient et les estropiaient, leur rompaient un bras ou une jambe pour exciter davantage la compassion ; quelquefois même on les dépeçait pour faire servir leurs entrailles aux opérations de la magie. Au retour d'une de ses missions,

---

1. *Du Tour des enfants trouvés,* par Nicolas, avocat à la cour royale de Bordeaux, 1840.

saint Vincent de Paul trouve, sous les murs de Paris, un de ces enfants entre les mains d'un mendiant, occupé à déformer ses membres; saisi d'horreur, il accourt : — Eh! barbare, s'écrie-t-il, vous m'avez bien trompé, je vous avais pris de loin pour un homme!

« Il lui arrache sa victime, l'emporte dans ses bras, traverse Paris en invoquant la commisération publique, assemble la foule autour de lui, raconte ce qu'il vient de voir, appelle la religion au secours de la nature, et entouré de ce peuple frémissant qui le suit sans pénétrer son projet, il se rend dans la rue Saint-Landry, où l'on entassait ces malheureuses victimes. Là, ce père des orphelins donne l'exemple : il en ramasse douze, qu'il met à part, et les bénit, en déclarant qu'il se charge de les nourrir; et c'est là sa première allocution en faveur de ces infortunés. (Maccarthy, l'avocat général Talon.)

« Eh bien, saint Vincent de Paul est frappé de la multiplicité des expositions, des abandons d'enfants; il voit ces enfants, il est touché de leur misère et se dit : Élevons-les, nous les aurons sauvés pour eux et pour la société.

« Mais le tour, lui, que fait-il? Il reçoit en aveugle, il provoque à l'abandon, il entasse ses victimes sans discernement; le tour est un gouffre; c'est une oubliette pire que celles d'où l'on ne sortait pas, car on n'y trouvait que la mort, et de celle-ci l'on en sort, il est vrai, mais trop souvent pour finir par le bagne ou les lieux de prostitution.

« Est-ce là, croyez-vous, les accomplissements de la pensée chrétienne de saint Vincent de Paul?

« Le tour produit précisément le mal auquel saint Vincent de Paul a voulu apporter remède; ce que nous voulons, nous, c'est rendre, autant que possible, à l'admirable institution des enfants trouvés, qui est l'œuvre de saint Vincent de Paul, l'esprit et l'âme de son vénérable fondateur.

« Ce que nous voulons, c'est mettre à la place d'un morceau de bois, qui ne voit pas, qui ne sent pas, qui ne peut pas être la charité, l'affection humaine qui s'émeut et qui a pitié, qui s'attache à l'orphelin qu'elle a recueilli, l'affection religieuse qui se voue à être la mère des enfants délaissés; le tour ne saurait produire ces sentiments, il les étouffe; voilà pourquoi je crois suivre la noble inspiration même de saint-Vincent de Paul en votant pour la suppression des tours[1].

« Saint Vincent de Paul n'a pas institué le tour, dit M. Valentin Smith.

« Lorsqu'en 1838 je me prononçai, devant le conseil général de la Loire, en faveur des tours, je partageais cette erreur si répandue, que cette institution ayant pour elle, dans notre pays, l'autorité du temps, était l'œuvre de saint Vincent de Paul, lorsqu'elle ne date véritablement que d'hier en France.

« Saint Vincent de Paul réunissait chaque jour, sous le parvis des églises, ces pauvres petits êtres que la froide cruauté de leurs mères y avait exposés, et, après les avoir arrachés à la mort, il les transportait et les faisait élever dans une maison qu'il avait consacrée à cette pieuse destination.

« Voilà ce que faisait saint Vincent de Paul :

------

1. *Enquête de* 1819. Tome Ier, p. 132.

il recueillait les enfants abandonnés, mais il ne provoquait pas les abandons ; il prévenait, autant qu'il était en lui, les conséquences funestes de l'inconduite et de la débauche, mais il n'encourageait pas de pareils désordres. Dans les nobles inspirations de son cœur, l'idée du tour ne lui vint jamais, et jamais il n'eut la pensée d'ouvrir cette espèce de tombe toujours béante où viennent disparaître tous les enfants qu'il plaît à l'indifférence, au vice, au crime même d'y entasser [1]. »

J'ai terminé ce long exposé de toutes les considérations morales qui militent contre le rétablissement des tours. J'ai cité des autorités dont personne ne contestera ni la compétence, ni la valeur.

La commission d'enquête de 1849, espèce de jury d'honneur, n'a pas eu la prétention de prononcer sans appel, mais elle a certainement eu celle d'avoir mis au service de cette question si grave, si délicate et si considérable, toute la loyauté, toute la conscience et tout le

—————

1. *Enquête de* 1849. Tome Ier, p. 146.

savoir qu'elle réclamait. La position d'indépendance qui lui a été faite, par suite de son choix, lui confère un caractère tout particulier, qui la place en dehors des attaques injustes et des critiques passionnées dont certaines autres ont été l'objet.

Cette indépendance a permis à chacun de ses membres de donner libre carrière à tous les sentiments les plus divers. Pour ou contre, chacun, au cours de la discussion, a librement exprimé sa pensée; et, chose vraiment digne de captiver l'attention de tous ceux qui se préoccupent aujourd'hui de l'issue du grand débat qui est engagé, c'est qu'après cette longue, laborieuse et si courtoise discussion, tous sont tombés d'accord et ont accepté la même conclusion; tous, avec la même profonde conviction, ont voté la suppression des tours.

L'enquête faite en 1860, dont je n'ai point parlé, n'est pas moins concluante que celle de 1849; elle aussi se prononce énergiquement contre ce système odieux, invoquant contre lui des arguments non moins sérieux, non moins probants et non moins éloquents.

C'est que la morale ramène toujours dans les mêmes sentiers ceux qui la prennent comme guide de leurs décisions, et cela parce qu'elle est une, car elle émane de Dieu, cet être infiniment parfait, qui se plait à en inspirer l'amour aux hommes, afin de les rapprocher de plus en plus de la perfection, qui est le but vers lequel il veut que tendent sans cesse nos efforts.

Si j'ai, de préférence, choisi tous mes exemples dans la discussion engagée au sein de la commission d'enquête de 1849, c'est que les opinions s'y manifestent, plus qu'ailleurs, avec leur caractère individuel, et puis aussi parce que les partisans du tour me paraissent volontiers passer devant elle sans presque l'apercevoir, comme s'ils redoutaient le dissolvant de sa pénétrante lumière pour leur système bâtard, condamné à mort dès les premiers jours de sa mise en pratique, aussitôt qu'il a été possible d'apprécier ses fruits détestables.

Ils ont raison de la craindre, car cette lumière, c'est la vérité! La vérité triomphante qui perce à jour ce système si profondément entaché d'*égoïsme*, cet autre dissolvant si redoutable du corps social !

La commission d'enquête instituée par arrêté du 10 octobre 1860, avait pour membres :

MM. de Watteville, Romand, Claveau, Bucquel, inspecteurs généraux des établissements de bienfaisance ; M. Durangel, chef de division au ministère de l'intérieur en était le secrétaire.

Les honorables membres de cette commission, rompus par une longue expérience et une science profonde de tout ce qui a trait à l'assistance, étaient bien faits pour se livrer à l'étude de la question spéciale confiée à leur examen.

Mais, il faut bien le dire, à beaucoup ils inspirèrent ce sentiment de défiance irréfléchie qui, à tort ou à raison, s'attache sur quiconque combat pour une cause dans laquelle il semble plus ou moins directement intéressé. Aux yeux de ces esprits timorés, les honorables membres de cette commission apparurent comme les défenseurs officiels d'un système ayant les préférences officielles ; et, partant, elle est devenue pour eux le point de mire de toutes les attaques et de toutes les injustices.

Quoi qu'il en soit, pour quiconque juge avec cette impartialité et ce calme qui font la bonne justice, comme son aînée, elle n'en restera pas moins un des documents les plus précieux et les plus sérieux sur la matière, qui jettera sur le débat présent la plus vive et la plus éclatante lumière aussi.

Un pays peut, à juste titre, s'honorer avec fierté de posséder des hommes de la valeur de ceux qui, en 1849 comme en 1860, ont défendu, d'une manière si loyale et si brillante, la grande cause de la morale, si injustement outragée par cette invention barbare qui, à tant juste titre, a été baptisée de ce nom profondément vrai : la boîte aux infanticides.

III.

Infanticides, avortements.

Le tour n'est pas seulement la boîte aux abandons, il est encore la boîte aux infanti-

cides, disent ses adversaires, suivant l'aveu
d'une religieuse commise à sa surveillance [1].

La suppression des tours a eu pour effet de
multiplier les crimes, disent ses partisans.

Deux opinions tout à fait contradictoires sont
ici en présence, il importe de démontrer de
quel côté se trouve la vérité.

J'ai dit que le tour n'était pas seulement la
boîte aux abandons, mais qu'il était encore la
boîte aux infanticides.

La sainte fille qui, sous l'empire de son profond dégoût, a tenu cet énergique et lamentable
langage, aurait pu seule probablement nous
initier à toutes les horreurs qui le lui ont inspiré. Ne lui en demandons pas davantage que
ce qu'elle a dit. Ce jour, qu'elle nous ouvre sur
la nuit du tour, nous permettra de soulever le
voile qui recouvre ses mystères, et ce que nous
verrons à la surface de cet abîme nous donnera
une idée suffisante de ce qui s'agitait au fond.

Si, en opérant le dépouillement des registres de l'état civil de Marseille, M. le docteur

-----

1. *Enquête de* 1860, p. 111.

Brochard *a vu le crime suinter* à travers les pâles feuilles qui passaient sous ses yeux, ceux qui ont parcouru les vieux registres poudreux des hospices, relatifs aux enfants trouvés de la triste époque des tours, peuvent lui répondre qu'ils ont senti le crime et la mort s'exhaler de leurs pages poussiéreuses et jaunies.

En effet, lorsqu'on parcourt ces registres, véritables livres de décès, on trouve à chaque instant des enfants inscrits avec cette mention : *Trouvé mort dans le tour.*

C'est indubitablement de ces malheureuses victimes qu'a voulu parler la religieuse ; car il a été généralement constaté que ces enfants, s'ils n'avaient pas succombé à une mort violente au moment de leur naissance, la faim ou le manque de soins avaient triomphé de leur fragile existence, du consentement de la mère à coup sûr.

Ne sont-ce pas là de véritables infanticides?

Ajoutez-les à vos statistiques dressées par les tribunaux, et comptez !

Oui, le tour était bien la boîte aux infanticides !

Pour que le crime existe, il n'est pas nécessaire sans doute que la mort soit immédiate; il suffit, je pense, que l'intention de la donner puisse être constatée. Or, ne peut-on pas la trouver cette intention du crime, cette préméditation même, dans ces enfants aux visages hâves, creusés par la souffrance, qui passaient par le tour pour aller mourir, quelques heures plus tard, dans les bras de la religieuse impuissante à leur conserver la vie, tellement on en avait paralysé chez eux, lentement, cruellement, tous les ressorts, au moyen de la faim, de la fatigue, du froid, de la chaleur même, requis comme auxiliaires du crime.

Ne sont-ce pas là de véritables infanticides?

Ajoutez-les encore à vos statistiques, et comptez!

Oui, le tour est bien la boîte aux infanticides!

Je tiens d'une personne des plus honorables, qui a été en position d'observer de très-près le fonctionnement des tours, les détails horribles qui suivent:

Des enfants ont été très-souvent recueillis agonisant dans la boîte maudite, par suite du manque de soins dont ils avaient été l'objet, avec connaissance de cause, pendant le trajet, du lieu de départ à l'hospice; triste étape, le plus souvent la dernière, qu'avaient à parcourir ces pauvres petits êtres.

Quelques-uns même ont été trouvés la bouche, les narines, les yeux, les oreilles, remplis de cet amas de poussière, de paille et de foin brisés qui s'accumulent dans les caissons des voitures. Ces malheureux enfants avaient évidemment été jetés dans ces caissons avec moins de précautions qu'on en eût pris pour le colis le plus vulgaire; ajoutons à cela les cahotements de la voiture; il eût fallu qu'ils fussent de bronze ou d'acier pour résister à de pareilles épreuves.

La boîte de la voiture s'était faite la complice de la main criminelle qui l'avait ouverte et la concurrente du tour.

Dernièrement, quelques jours avant que je me préoccupasse de la troisième édition de cet ouvrage, je passais à Bordeaux, cette grande cité que M. le docteur Brochard connaît, au sein de laquelle il a vécu, m'a-t-on dit, et où l'on se souvient encore de lui, dans le monde médical comme dans le monde administratif. — Curieux de tout ce qui peut intéresser mon service, j'étais bien aise de me rendre compte du fonctionnement de l'assistance dans ce centre très-important. Eh bien, à l'hospice des enfants trouvés de cette grande et magnifique ville, là où fonctionnait jadis le tour, on m'a montré ce cruel instrument que l'on y conserve, comme on garde dans les musées des instruments de torture, pour redire la barbarie des âges qui nous ont précédés. — La digne sœur qui était commise à sa surveillance y vit encore, et en me montrant cette boîte maudite, elle me disait : « Ah ! Monsieur, on n'y apportait pas seulement « des nouveau-nés ; un matin j'y ai trouvé un « enfant de trois ans, l'ouverture étant trop « petite pour son pauvre petit corps devenu « trop grand, on lui avait brisé la colonne ver- « tébrale afin de pouvoir l'y faire pénétrer ; « cassé en deux, il était là mort, à cette place, « comme tant d'autres. » Quoi de plus horrible que cette révélation !

Si M. le docteur Brochard n'a pas comme

moi recueilli cet effroyable renseignement, c'est qu'il n'a pas voulu. Pour l'édifier, qu'il retourne à Bordeaux, le voyage en vaut la peine, ce qu'on m'a dit, il pourra l'entendre de la bouche du témoin qui a vu, ayant devant les yeux l'instrument maudit qui a reçu les restes palpitants de ce pauvre petit être.

Après de semblables révélations osera-t-on nous contester encore que le tour n'est pas la boîte aux infanticides?

L'enquête de 1877 nous fera sans doute, à ce sujet, d'autres révélations aussi importantes qu'inattendues; n'anticipons pas sur elle et ne nous appesantissons pas davantage sur ces néfastes détails qui à eux seuls suffiraient pour justifier l'opinion de la religieuse : *Le tour n'est pas seulement la boîte aux abandons, il est encore la boîte aux infanticides.*

La suppression des tours a eu pour effet de multiplier les crimes, disent ses partisans. Ils s'adressent pour le prouver à la statistique; faisons comme eux.

Le tableau suivant nous donnera le nombre moyen des accusations d'infanticide dans une période de 40 années, divisées en 8 périodes quinquennales, de 1826 à 1865 :

PÉRIODES.	NOMBRE MOYEN des accusations.
1re période de 1826 à 1830.	102
2e — de 1831 à 1835.	94
3e — de 1836 à 1840.	135
4e — de 1811 à 1815.	143
5e — de 1816 à 1850.	152
6e — de 1851 à 1855.	183
7e — de 1856 à 1860.	214
8e — de 1861 à 1865.	206

Je trouverais superflu de m'appesantir sur la seconde présomption qui m'a fait rechercher l'infanticide jusque dans ces enfants qui expiraient aussitôt après avoir respiré l'air du tour; je ne l'ai indiquée que d'une manière tout à fait incidente, afin de tirer de l'innocent aveu de la religieuse la plus grande somme de lumière possible, pour mieux voir dans cette nuit du crime, dont on ne s'est pas assez préoccupé, selon moi.

Je ne chercherai à pénétrer des secrets du tour que celui qui s'attache à ces enfants qu'il a livrés morts entre les mains de ceux chargés de les recevoir.

Pour ces enfants, il n'y a pas l'ombre d'un doute à concevoir, ils étaient bien morts; et le tour, la plupart du temps, n'a guère été autre chose pour eux qu'un tombeau, pour leurs assassins un préservatif contre les recherches de la justice. Il s'est fait le complice de ces assassins, il a été le recéleur du crime, c'est certain.

Cette première présomption, dont personne ne pourra contester la valeur, suffirait à elle seule, au besoin, pour réduire à néant ce captieux argument des partisans du tour, qui consiste à prétendre que sa suppression a été la cause de la marche ascendante des infanticides.

Je ne veux pas être exigeant, ni chercher à tirer de la position inexpugnable où je me suis placé des avantages plus grands que ceux que la vérité réclame. Qui peut le plus, peut le moins ; le moins me suffira.

214 tours ont été ouverts et ont fonctionné en même temps sur toute l'étendue du territoire français, de 1825 à 1830.

Eh bien, je ne demanderai à chacun de ces tours, parmi tous les enfants morts qu'ils ont reçus chaque année, qu'un seul de ces enfants pour répondre et crier vengeance au nom de toutes les autres victimes du crime qu'ils ont accueillies.

Le calcul est facile, et la statistique, à sa faveur, va reprendre, autant qu'il est possible, une physionomie plus vraie que celle que nous lui connaissons. Appliquons l'opération seulement à la première période du tableau qui précède, et comptons.

Cette période nous a donné une moyenne de 102 infanticides constatés en dehors du tour ; ajoutons à ce nombre 214, qui est celui du nombre de tours existant pendant toute la période ; étant donné 1 infanticide par chaque tour, notre moyenne se modifie de la sorte :

316 au lieu de 102, et ainsi de suite pendant tout le temps qu'a fonctionné le tour.

Je m'attends bien à ce qu'on m'adresse le reproche de redresser avec une certaine indépendance, qu'on cherchera peut-être à qualifier de fantaisiste, la statistique officielle de l'époque des tours.

A ce sujet, j'avouerai, pour me justifier de cette accusation, que j'accepte toujours avec défiance toutes les statistiques quelles qu'elles soient ; j'ai vu trop souvent de quelle manière elles s'établissent pour me permettre ce doute, et je crois que beaucoup de gens partageront avec moi, sur leur exactitude, mon incrédulité.

On fait les statistiques qu'on veut, et on les fait comme on peut, tout dépend de la manière de compter et du point de vue auquel on se place, et surtout des moyens dont on dispose pour se procurer les renseignements si nécessaires à leur confection. Aussi, quand je vois tout un avenir se tenir en équilibre sur un chiffre de statistique, dont l'exactitude est plus que douteuse, et qu'il faut un rien pour, une fois cet équilibre rompu, tomber dans un abîme, j'avoue que j'ai peur : c'est ce qui m'a fait rechercher dans une présomption la solution que je viens de donner.

Pour qu'une opération de cette nature, qui est la réunion d'un ensemble de faits au milieu desquels se trouve un certain nombre d'inconnus, soit juste et vraie, une certaine analyse est nécessaire, et l'on ne doit pas se déclarer satisfait, ce me semble, tant qu'on n'est pas allé jusqu'au fond des choses, surtout dans une question de la gravité de celle-ci. Il faut souvent marcher, presque le microscope à la main, à la recherche des chiffres, ou même des fractions de chiffres qui se dérobent à notre vue. Il fallait, ici surtout, qu'on s'inquiétât un peu plus des infanticides qui se cachaient au fond des tours, comme des autres crimes qui, à cette époque, se commettaient au milieu des forêts inextricables et sans chemins, pour rester toujours impunis et inconnus.

Il est très-facile de venir dire aujourd'hui que les cadavres de ces petits enfants, trouvés morts dans le tour, sont réduits à l'état de poussière impalpable, que ce n'est pas une main criminelle qui les a tués.

Eh! qu'en savez-vous?

A-t-on procédé à leur autopsie avant de les livrer à la terre?

Si oui : montrez les procès-verbaux qui accompagnent les extraits mortuaires.

Alors je m'avouerai vaincu, et je dirai : Vous aviez raison, le tour a été calomnié, la religieuse a menti !

Jusque-là, je me refuse de croire à vos statistiques. La mienne a plus que les vôtres l'apparence de la vérité, étant donné cet aveu dont vous n'avez pas cru devoir sonder les mystères.

On ne dit pas impunément de si graves choses, et quand on les entend dire, on doit en provoquer l'explication. Sinon il faut en tenir compte, dans la plus étroite mesure, c'est possible, mais il faut en tenir compte, afin de se rapprocher de plus en plus de la vérité, qui doit être notre lumière et notre guide.

C'est ce que j'ai fait, et je crois y être arrivé sans exagération.

Quoi, dans une cause pareille, si grosse de menaces, on pourrait profiter des surprises d'un oubli? Non, ce n'est pas possible!

Ah! c'est que pour la défendre, cette cause, si pleine de périls pour notre morale, je sens tressaillir en moi toutes mes entrailles de Français!

J'aime mon pays en fanatique, surtout depuis qu'il m'a été donné de le voir tant malheureux!

Si peu que je sois, si faible que puisse être mon modeste concours, je suis un soldat de sa défense, et je ne veux pas qu'on le livre, sans combat, à la merci d'un instrument de malheur et de perdition tel que celui qu'on nous propose, surtout quand je puis mêler ma voix à cette grande clameur que soulève en ce moment cette grosse question qui intéresse à si haut degré l'avenir de notre chère patrie.

L'avortement, ce crime qu'on ne peut saisir, que la saine morale pourrait seule enrayer, dévore assez de victimes sans qu'il soit besoin d'ouvrir, à ses côtés, le gouffre du tour qui viendrait en augmenter le nombre.

Pour être logique, je n'hésite pas à déclarer que, depuis la suppression des tours, les infanticides ont plutôt diminué qu'augmenté.

En effet, aujourd'hui nous n'avons plus les infanticides que les tours dissimulaient; ceux qui nous sont dénoncés sont bien réellement le nombre de tous ceux qu'il nous est possible de connaître; ceux qui nous sont inconnus, s'il y en a, le tour, s'il existait, ne les aurait probablement pas recueillis; en admettant qu'il les eût reçus, la situation ne changerait guère.

Or, le dernier chiffre que j'ai sous les yeux se rapporte à l'année 1872, il est de 243; d'après mon calcul, j'ai trouvé, pour l'époque la plus florissante du régime des tours, 316, soit une différence en moins, en faveur de 1872, de 73.

J'admets que ma démonstration ne soit pas acceptée par tout le monde avec la même assurance que la bonne foi qui me l'a inspirée, mais je puis opposer aux allégations adverses un autre système de défense par lequel je prouverai, aussi péremptoirement que possible, que la suppression des tours n'est ni l'explication, ni la cause de la progression des infanticides ; le voici :

Les crimes contre les personnes ont suivi une progression plus marquée encore : les parricides ont presque doublé ; les viols et les attentats à la pudeur ont presque quadruplé.

La suppression des tours serait-elle par hasard la cause de cette progression ? Une pareille supposition ne viendra certainement à l'idée de personne.

L'augmentation des crimes depuis cinquante années, aussi bien celle des infanticides que des autres, a une cause qui est générale, qui ne saurait être recherchée ailleurs que dans les progrès de toute sorte qui ont amélioré nos différents systèmes administratifs et judiciaires. La justice aujourd'hui a en effet des yeux partout, tant et si bien que, si c'était possible, un crime serait découvert en même temps qu'il vient à l'esprit de celui qui le conçoit.

Aujourd'hui, même, il est impossible d'effacer la trace d'un meurtre, si grandes que soient les précautions qu'on prenne pour y parvenir. Le progrès est tel qu'il semble que la terre repousse les cadavres que des mains criminelles lui confient.

D'où je conclus que, probablement, les crimes ne sont pas plus nombreux qu'autrefois; ils sont plus habilement recherchés et plus souvent découverts, voilà tout.

Encore un mot sur les infanticides, puis je m'occuperai de la question des avortements.

Les partisans des tours, si prompts à déclarer que leur suppression est la cause déterminante de la progression des infanticides, ont-ils bien réfléchi, avant d'émettre cette opinion, qui me semble tout au moins hasardée, de quelle manière se commettait d'ordinaire le crime d'infanticide?

Probablement, non; aussi est-il important de le leur rappeler, ce que je vais essayer de faire en quelques mots :

Les femmes ou les filles qui commettent ce crime, surtout dans les villes, rarement ont été soupçonnées, avant qu'elles l'accomplissent, d'être en état de grossesse. Favorisées par la nature en cette occasion, elles ont pu, au moyen de certains artifices et une étude de tous les instants, jusqu'à la dernière heure, dissimuler leur état.

C'est ainsi que, persuadées que seules elles connaissent leur terrible secret, elles conçoivent l'idée du crime; c'est ainsi que presque toujours elles arrivent à sa perpétration, afin d'échapper à la honte du déshonneur.

L'avortement pour ces femmes, comme pour beaucoup d'autres dans leur position, le plus souvent, a lui-même avorté.

Les unes, condamnées par les apparences de la grossesse, se résignent à subir cette loi de nature; les autres, ainsi que je viens de le dire, à la faveur d'une dissimulation facile, rêvent le crime et finissent par le commettre.

Pour ces dernières, les tours ne changeraient rien, qu'on en soit bien convaincu, elles n'y recourraient jamais.

Donc ils ne seraient pas un remède comme on se plaît à le supposer, au contraire, ils seraient un danger.

L'avortement tire son origine du même sentiment de honte qui conduit à l'infanticide; il est souvent le précurseur de celui-ci, en tant que tentative bien entendu, et s'il n'a pas réussi, c'est que la malheureuse qui en a recherché la pratique s'est adressée à quelqu'un d'honnête qui a trompé son intention criminelle, au lieu de recourir au véritable avorteur ou à la véritable avorteuse.

Car, il faut bien le dire, il y a des gens, et en plus grand nombre qu'on ne le pense, qui exercent cette criminelle et odieuse profession.

Le crime d'avortement a plusieurs mobiles : la honte du déshonneur, dont je viens de parler d'abord ; il est encore, chose effroyable à dire autant qu'à penser, recherché par la femme légitime que la perspective d'une charge nouvel'e glace d'épouvante.

J'ai entendu même avancer, avec une assurance que seule pouvait inspirer la conviction profonde du fait, que ce crime était plus commun qu'on pourrait le croire chez la femme mondaine qui, dans l'état de grossesse, voit pour elle une entrave aux plaisirs qui dévorent sa vie.

Il est encore recherché par la femme adultère pour se soustraire aux justes imprécations et aux colères, sinon aux vengeances méritées du mari.

Ceux qui pensent que le tour aurait de l'influence sur ces crimes sont bien innocents ou bien vertueux, pour que cette plaie de notre temps, avec ses principes divers, ne leur apparaisse pas avec son affligeant caractère d'incurabilité.

Je l'ai dit plus haut, la saine morale peut seule enrayer l'élan donné à cette roue fatale qui fait tourner sur ses dents ce terrible engrenage dans lequel vont se broyer les fruits naissants du vice au détriment de la vitalité sociale.

Il faudrait chez celui ou celle qui ne craignent pas de se livrer à cet odieux commerce une rectitude de conscience que l'oblitération morale de notre époque ne leur permet pas d'avoir, tellement elle favorise l'oubli de tous les devoirs et le mépris des lois.

Il faudrait surtout, pour arrêter cette orgie du crime, ériger, entre la femme et le séducteur, une barrière légale qui tempérât les passions libertines de celui-ci au profit des faiblesses ou des crédulités de celle-là.

Quant au tour, il n'a rien à faire ici; au contraire, sa présence ne pourrait qu'enflammer cet abcès douloureux et profond, et produire sur la société ce phénomène d'infection qu'on appelle, chez l'individu, abcès consécutifs, qui dévorent et qui tuent ordinairement les corps qui en sont atteints.

IV.

Mortalité.

L'honorable rapporteur de la pétition avoue lui-même, avec cette loyauté et cette impartialité dont il a si souvent donné la preuve dans son remarquable travail, « qu'il n'y aurait pas de justice à mettre au compte des tours *l'épouvantable mortalité* qui règne sur les nourrissons ». Les diverses causes qui sévissent contre eux, telles que le séjour temporaire à l'hospice, le transport au pays de la nourrice, l'industrie des meneuses, le défaut de soins, n'atteignent pas plus en effet l'enfant déposé au tour que celui que sa mère confie par l'intermédiaire du bureau à une nourrice mercenaire.

Le point très-faux d'où est parti M. le docteur Brochard a encore exercé ici son influence fâcheuse.

Le pétitionnaire affirme qu'il y a des causes particulières et spéciales qui peuvent, dans le système des secours, influer sur la santé et la vie des enfants.

Qu'il me soit permis de le lui dire, l'enquête de 1860 ne s'est pas trompée, ainsi qu'il le prétend ; qu'il attende encore un peu, et l'enquête de 1877 saura le lui apprendre ainsi qu'à tous ceux qui, de la meilleure foi du monde, ont accepté son opinion.

La situation sera, j'en suis persuadé, plus favorable qu'aucune de celles connues jusqu'ici. En attendant que cette bonne surprise arrive, pour nous rassurer, je vais en donner ici les prémices en indiquant quelques chiffres que j'ai sous les yeux, d'après les rapports annuels des inspecteurs.

Je prendrai d'abord les départements qui ont été spécialement l'objet des études de M. le docteur Brochard, et nous verrons que, si toutefois il a dit la vérité pour les années antérieures à celles que je vais citer, les choses se sont considérablement améliorées depuis.

DÉPARTEMENT DE LA SEINE.

Du 1er janvier au 31 août 1877, il a été admis dans le service des enfants assistés de la Seine 933 enfants d'un jour à un an : 74 sont décédés à l'hospice, soit 7.94 p. 100. Je regrette de ne pas connaître la situation des enfants placés en nourrice; il serait intéressant de la voir figurer ici. Les secours pour prévenir l'abandon sont l'objet d'une épreuve nouvelle depuis le 1er janvier 1877. Les résultats ne sont pas assez concluants encore pour en parler ici [1].

DÉPARTEMENT DU RHÔNE.

Le dernier rapport de l'inspecteur donne, au point de vue de la mortalité des enfants secourus, les résultats suivants :

---

1. Je n'ai pu me procurer encore la situation du service des Bouches-du-Rhône que j'aurais été désireux de signaler ici.

1877. Enfants placés par l'administration, 226;
décédés, 95 . . . . 42.03 p. 100.
1877. Enfants placés par leurs mères, 616;
décédés, 256. . . . . 41.55 p. 100.
1877. Enfants allaités par leurs mères, 368;
décédés, 90 . . . . 24 15 p., 100.

La proportion sur l'ensemble des enfants secourus est de 36.44 p. 100.

Je regrette, comme pour les enfants de la
Seine, de ne pas connaître pour ceux du Rhône
la situation de la mortalité des élèves des hospices. L'enquête générale de 1877 satisfera
certainement le légitime désir de tous ceux qui,
comme moi, recherchent les différences qui
peuvent exister entre ces enfants et ceux qui
sont secourus.

DÉPARTEMENT DE LA GIRONDE.

En 1877, 1,674 enfants d'un jour à un an
ont été secourus :

1,357 ont été allaités par leur mères;
décédés, 118, soit une moyenne de 8.69 p. 100.
154 ont été confiés à des nourrices au
sein;
décédés, 46, soit une moyenne de 29.87 p. 100.

163 ont été élevés au biberon;

décédés, 77, soit une moyenne de 47.23 p. 100.
La moyenne par rapport à l'ensemble
est de. . . . . 14.39 p. 100.

Pour les élèves des hospices les résultats sont les suivants :

La moyenne de la mortalité pour les enfants
de 1 jour à 1 an est de. . .   34.42 p. 100.
de 1 an   à 2 ans — . . .   25.77 —
de 0   à 2 ans — . . .   31.96 —
de 0   à 12 ans — . . .   11.06 —
de 12 ans à 21 ans — . . .   0.78 —
de 0 an   à 21 ans — . . .   5.62 —

DÉPARTEMENT DES DEUX-SÈVRES.

Sur un total de 855 enfants, de la naissance à 12 ans, 42 enfants décédés donnent une proportion de 4.91 p. 100.

Pour les élèves des hospices, comprenant les enfants jusqu'à la fin de la douzième année, la proportion de la mortalité a été de 5.26 p. 100.

DÉPARTEMENT DU GERS.

En 1877, la moyenne des décès, pour les élèves de
l'hospice, est de. 2.82 p. 100.
—   pour les enfants secourus. . . . . . ., 4.36 —

La différence qui existe entre la mortalité des enfants secourus et celle des élèves de l'hospice est justifiée par le plus grand nombre des enfants du premier âge appartenant à cette catégorie.

Sur une population de 178 pupilles de l'hospice de 12 à 21 ans, nous n'avons pas eu à enregistrer un seul décès en 1877.

DÉPARTEMENT DE L'EURE.

La moyenne de la mortalité chez les enfants du premier âge a été, pendant l'année 1875-1876 :

Pour les enfants de l'hospice d'Évreux,
de . . . . 54.54 p. 100.
Pour ceux de l'hospice de Bernay . . . 46.66 —
La moyenne de la mortalité des enfants
secourus a été de. . . . . 13.79 —

DÉPARTEMENT DE LA SOMME.

La mortalité, en 1876, a été :

Pour les enfants des hospices de 1 jour
à 1 an, de . . . . 39.62 p. 100.

Pour les enfants de 1 an à 12 ans, de .   2.75 p. 100.
Pour les enfants secourus de 1 jour à
    1 an, de. . . . . .15.00   —
Et nulle pour ceux de 1 an à 12 ans.

DÉPARTEMENT DE LA SEINE-INFÉRIEURE.

La mortalité des enfants assistés, de la naissance à
    1 an, s'était élevée en 1875 à. . . . 27.80 p. 100.
Elle n'a été en 1876 que de. . . . . . 23.87   —
De la naissance à 12 ans, en 1875, de . 8.34   —
                —   en 1876, de . 9.28   —

De 12 à 21 ans, les pupilles de l'administration meurent peu : 3 seulement sur 1,258 ont
succombé en 1875, et 12 sur 1,328 en 1876.

Les enfants secourus à domicile ont été atteints dans
    une plus grande proportion que par le passé. 63 sur
    516 sont morts en 1876, ce qui donne une propor-
    tion de . . . . .12.20 p. 100.
La proportion n'avait été en 1875 que de 8.31   —
La proportion moyenne pour les quatre
    dernières années donne . . . . 9.83   —

Ce chiffre est faible; il prouve l'efficacité du
secours à domicile.

J'aurais voulu, pour le département de la

Seine, le plus considérable assurément de tous nos services, trouver des renseignements plus précis que ceux que j'indique. La seule moyenne de mortalité que je trouve dans le rapport est satisfaisante, et je souhaite que celle qui s'étend à tout le reste du service lui ressemble. Mais je n'ose l'espérer; ce serait trop beau. Attendons les révélations que nous donnera l'enquête.

Les départements du Rhône et de la Gironde me fourniront à eux deux, en raison de leur importance, de quoi prouver à M. le docteur Brochard que, dans ces grands milieux, les désordres de la mortalité ne sont pas aussi considérables que ceux dont il se plaît à évoquer les fantômes monstrueux.

Les moyennes de mortalité que nous y rencontrons sont certainement fort élevées, comparativement à celles des autres départements. Mais ce qui doit nous rassurer, ce sont les résultats obtenus à l'aide des secours aux filles-mères; la mortalité y est de beaucoup inférieure à celle qui s'attache aux élèves des hospices.

Ces départements sont dans les cordes de M. le docteur Brochard, car c'est placé au milieu d'eux qu'il juge de tous les services. Eh bien, je veux lui prouver que, même sur ce terrain, il se trompe gravement, et que le mieux déjà obtenu doit encourager à marcher dans la voie dans laquelle on s'est engagé, en profitant, bien entendu, de l'expérience pour améliorer sans cesse, ainsi que cela doit être, étant donné que toujours nos vues doivent tendre vers la perfection, ce qui en matière d'assistance est absolument nécessaire.

Dans le département du Rhône, la situation est moins favorable que dans celui de la Gironde; il doit certainement y avoir pour le premier une influence morbide qui n'existe pas pour le second.

Telle est la seule raison que je puisse assigner à cette différence, les chefs de service de ces départements étant tous les deux des hommes d'expérience, de dévouement et d'une réelle valeur.

En effet, les deux régions diffèrent essentiellement l'une de l'autre, aussi bien sous le rapport du climat que sous celui des mœurs. Il ne faut donc pas chercher ailleurs que dans cette causalité les différences constatées dans ces deux services en ce qui touche la mortalité.

Dans l'un comme dans l'autre, la mortalité qui s'adresse aux enfants allaités par leurs mères, est bien inférieure à celle de ceux élevés par des nourrices mercenaires, soit qu'elles disposent du sein ou du biberon.

Dans le département du Rhône, cette différence est de 17.34 p. 100 en faveur des enfants allaités par leurs mères.

Dans le département de la Gironde, cette différence est de 29.61 p. 100.

Dans ce dernier département, la différence en faveur des enfants secourus d'un jour à un an, par rapport aux mêmes enfants élèves des hospices, est de 25.73 p. 100.

Examinons maintenant les quelques départements qui, pris dans des régions différentes et placés dans des conditions particulières, peuvent être pris comme l'exemple de la règle générale.

J'ai limité mon étude à cinq départements, moyenne qui me paraît suffisante, d'autant plus qu'il ne m'eût guère été possible de l'étendre davantage en raison du peu de temps qui m'est donné pour établir ce travail.

Les départements des Deux-Sèvres, du Gers, de l'Eure, de la Somme et de la Seine-Inférieure vont répondre à toutes les exigences comme à toutes les conditions que réclame la question. Leur population est différente : les uns sont essentiellement agricoles, les autres essentiellement manufacturiers; pour cette raison, les mœurs y diffèrent aussi; j'aurais pu prendre un plus grand nombre d'exemples, mais à coup sûr je ne pouvais guère faire un meilleur choix.

Les Deux-Sèvres et le Gers sont deux départements essentiellement agricoles. Dans le premier, le voisinage des marais pourrait paraître une condition d'insalubrité; dans le second, au contraire, la grande chaîne pyrénéenne étend ses contreforts et répand dans ses vallées son air pur et fortifiant.

Eh bien, dans l'un comme dans l'autre, la moyenne de la mortalité est exprimée par des chiffres qui parlent avec la plus consolante éloquence.

Quant aux trois autres, l'Eure, la Somme, la Seine-Inférieure, avec leur grande population industrielle, autant fixe que flottante, ils nous donnent des résultats moins satisfaisants qui n'ont pas lieu de nous surprendre.

Toujours, là comme ailleurs, la population des enfants secourus est considérablement favorisée, il suffit de se reporter à l'analyse de la mortalité dont chacun d'eux a été l'objet pour s'en convaincre.

Je livre cet aperçu rapide à l'examen de tous ceux qui s'intéressent, pour ou contre, à la question très-grave qui s'agite en ce moment; qu'ils comparent ces résultats, qui ne sont qu'une lueur de ce que nous révélera l'enquête, avec ceux que nous livre l'auteur de la *Vérité sur les enfants trouvés,* et qu'ils jugent!

Deux mots encore avant de clore cet important sujet.

Supposons un seul instant que les tours soient rétablis ainsi que le réclame la proposition de loi, et qu'il y en ait un dans chaque chef-lieu d'arrondissement.

Ils fonctionneront bien vite, ce n'est pas douteux, et leur succès étonnera plus d'un de leurs partisans, de cet étonnement qui ouvre la porte aux inquiétudes.

Les exagérés ne manqueront pas de se réjouir à coup sûr, considérant tous ces petits êtres comme autant de victimes arrachées à l'infanticide, sans se demander s'ils vivent ou s'ils meurent une fois que le tour s'est refermé sur eux.

Car, il ne faut pas se le dissimuler, après les gens sérieux, les économistes, les législateurs érudits qui auront concouru à la confection de cette loi, viendront les spectateurs de son fonctionnement, les badauds et les sots qui, ne sachant rien de ce qui se passe, après comme avant, avant comme après, s'étonneront, en présence de ce succès, qu'on ait attendu si longtemps avant de rétablir un instrument si parfait. Ces gens-là ne jugent des choses que par l'usage qu'ils en voient faire, et ce n'est utile et bon à leurs yeux qu'autant qu'on s'en sert; ils ne voient jamais l'abus, ils ne le soupçonnent même pas, tant est grande leur habitude de juger des choses sans les étudier.

Après eux les séducteurs suivront; ce sont les intéressés ceux-là, ils voudront voir de près par où s'en vont les fruits de leur perversité. Pour eux tout sera bien, très-bien.

Mais c'est vous que j'attends, au lendemain de ce retour, vous tous, hommes de cœur et de bonne foi, qui aurez prêté la main à l'édification de ces monuments funéraires.

Oui, je vous attends de l'autre côté du tour, dans l'amphithéâtre de l'hospice, pour vous y montrer de véritables hécatombes d'enfants qui feront pâlir celles que M. le docteur Brochard a fait passer devant vos yeux; il ne vous a montré que la fiction, vous verrez la réalité.

Je vous y attends vous aussi, honorable docteur, car vous êtes un homme de cœur et vous voudrez constater les bienfaits que vous espérez de la réforme que vous réclamez.

Oui, tous, je veux vous voir gémir en face de cette digue ouverte, aux bouches de laquelle se presseront des flots d'enfants dont la puanteur et les vagissements vous soulèveront le cœur.

Car, enfin, il faudra bien les nourrir tous ces

enfants que, sans le vouloir, vous aurez privés du sein maternel.

Mais vous ne trouverez pas de seins mercenaires, et des biberons, qu'on tentera de mettre à leur place, sortira la faim, la plus hideuse et la plus cruelle de toutes les messagères de la mort, pour prendre la plus grande partie de tous vos enfants trouvés.

Ah! je n'exagère pas, croyez-le; et maintenant que j'ai donné cours à la juste frayeur née de mes appréhensions, laissez-moi, sur un ton plus calme, vous démontrer que j'ai dit la vérité.

La plupart des enfants que le tour recevrait seraient par force privés de nourrices naturelles, par la raison bien simple qu'on n'en trouverait pas pour un si grand nombre. On serait alors dans l'obligation de recourir au biberon; or, le biberon, le plus souvent, fait sucer la mort avec lui.

En théorie, ce mode d'alimentation paraît fort simple et très-pratique, mais il exige tant de qualités particulières qu'il est presque toujours un dangereux écueil : il faut qu'il soit sans cesse entretenu dans un état de propreté irréprochable; que le lait qu'il contient, sans parler des conditions de qualité, soit toujours maintenu au degré de chaleur se rapprochant le plus possible du lait de la mère au moment où il s'échappe de son sein sous l'effort de la succion.

La mère légitime, qui aime son enfant au point de lui sacrifier toutes les minutes de sa vie, ne parvient qu'à force de vigilance et de peine à tenir toujours prêt et propice cet instrument qui, à défaut de son sein tari, est chargé de prodiguer la vie à cet enfant dans lequel elle s'incarne pour ainsi dire.

En sera-t-il de même de la nourrice mercenaire que nous pourrons procurer à l'enfant du tour?

Non, assurément, non. Plus ou moins propre de sa nature, inintelligente le plus souvent, cette mercenaire ne comprendra rien à tous ces raffinements indispensables de propreté; elle ne soupçonnera jamais que le lait peut s'aigrir dans cet étroit espace de la coupe aux lèvres. — Le pauvre petit, dont le goût est déjà sensible et capricieux, éprouvera peu à peu une répugnance invincible ; il ne voudra plus boire ; il dépérira à vue d'œil ; puis, un beau matin, on le trouvera glacé dans son berceau, à côté de ce biberon maudit : la faim, dont je parlais tout à l'heure, en aura fait la proie de la mort !

Mon Dieu, je n'irai pas loin pour chercher mon exemple : l'année dernière, j'avais seulement trois enfants nouveau-nés à la crèche ; impossible, malgré toutes mes diligences, de leur trouver des nourrices. Deux sont morts, et M. le docteur Serres. médecin de l'hôpital, un des médecins les plus distingués de ce pays, m'a déclaré que la faim les avait tués !

Si cet état de pénurie de nourrices ne trouvait sa cause que dans l'exiguïté des salaires, il serait facile, au moyen d'un sacrifice d'argent, d'en conjurer les maux. Mais il est l'effet d'une cause plus grave : il n'y a plus de nourrices aujourd'hui, pour la raison bien simple que la famille se limite généralement à un, à deux, quelquefois à trois enfants, c'est le plus ; et ces naissances s'échelonnent à de tels intervalles qu'elles semblent devoir ,être plutôt le résultat d'un accident que la généreuse et mâle ambition qu'avaient nos pères d'aimer à grouper autour d'eux de nombreux et robustes enfants.

Je prévois une objection, et je ne veux pas manquer d'y répondre ; les partisans du tour me diront : Mais nous ne voulons pas supprimer les secours aux filles-mères, nous connaissons tous les résultats heureux de ce système, et nous l'avons réservé dans le paragraphe 1er de notre loi.

.« Des avis placés aux abords et dans l'inté-
« rieur du tour feront connaître aux déposants :

« 1° Qu'un secours mensuel peut être ac-
« cordé par l'hospice aux mères qui veulent se
« faire connaître et conserver leur enfant ;

« 2° Qu'un employé, obligé au secret par
« serment professionnel, se tient dans une salle
« voisine à leur disposition pour recevoir les
« renseignements que peut exiger l'intérêt de
« l'enfant. »

Je l'ai déjà dit ailleurs, et je le répète ici : lorsqu'il s'agit de mettre en pratique un système aussi radical que celui du tour, on ne doit pas compter sur les mesures facultatives qui peuvent en corriger les abus. Sur la pente du monstrueux on ne marche pas, mais on roule, et il suffira d'une seule fille-mère qui montre le chemin de la boîte infâme pour que toutes la suivent.

L'article 1er de la proposition de loi est la condamnation de la loi, par suite de cette alliance impossible du bon avec le mauvais. L'immoralité étant elle-même d'essence mauvaise, et l'enfant étant son fruit, on prendra pour lui le pire parti, et certes ce ne sera pas celui de le conserver avec le secours : ce sera plutôt l'abandon avec le tour.

Un dernier mot encore. Si MM. les membres de l'Assemblée nationale, du Sénat et des Assemblées départementales veulent avoir une idée plus saisissante encore de ce qui se passait sous le régime du tour, qu'ils consultent dans leurs départements respectifs les registres du temps, ils seront épouvantés !

V.

Considérations sur le service des enfants trouvés du Gers depuis le décret du 19 janvier 1811 jusqu'à ce jour.

Le département du Gers n'a jamais eu de tours ouverts ; il possédait trois hospices dépositaires : ceux d'Auch, de Lectoure et de Condom. Les enfants étaient exposés à la porte de ces hospices, ce qui était tout à fait l'équivalent du tour.

Lorsque parut le décret du 19 janvier 1811, la situation du département était dans des conditions à peu près identiques à celles des départements circonvoisins. La population des enfants trouvés doubla dans l'espace de 13 années, sous l'empire de ce décret.

Examinons rapidement la marche ascendante de cette population, et nous verrons que la position faite au département dépassa bientôt celle de ses voisins dans de notables proportions.

Au 31 décembre 1814, la population des

enfants trouvés était de 922 ; la dépense atteignait le chiffre de 59,842 francs. Depuis 1810, cette situation s'était peu modifiée ; jusqu'en 1817 elle se maintint dans de raisonnables limites, mais à partir de ce moment elle s'aggrava d'une manière inquiétante :

En 1817, 1,107 enfants ont coûté au dép^t. 72,187 fr.
En 1820, 1,310   —   94,180
En 1822, 1,683   —   100,779
En 1824, 1,980   —   135,441

Le mal allait s'augmentant avec une rapidité effrayante ; le chiffre des admissions avait été, en 1824, de 609 enfants.

Pour remédier à cet état de choses véritablement inquiétant, on s'occupa dès 1827 du déplacement des enfants trouvés. Cette mesure avait été recommandée par une dépêche de M. de Corbière, ministre de l'intérieur, en date du 21 juillet de la même année.

Cette mesure, qui fut l'objet des critiques les plus sévères, eut pour résultat d'arrêter l'essor effrayant que menaçaient de prendre les admissions ; à partir de cette époque jusqu'en

1830, la situation des enfants trouvés se maintint à peu près la même.

Au 1ᵉʳ janvier 1830 leur effectif était de 2,068; les prix de nourrice et de pension avaient été diminués ; la dépense fut de 116,927 fr.

En 1831, la dépense pour 2,091 enfants
fut de.. . . . . 122,347 fr.
En 1832, la dépense pour 2,151 enfants
fut de.. 123,608

Avant d'entrer dans d'autres détails, je crois intéressant d'établir dans quelle progression les admissions, dans les hospices du département, se sont succédé, d'une façon appréciable, depuis 1814 jusqu'en 1832.

Le nombre des admissions dans les hospices du département a été :

En 1814, de 226
En 1817, de 268
En 1820, de 330
En 1822, de 576
En 1823, de 587
En 1824, de 609
En 1826, de 422

En 1828, de 420
En 1830, de 370
En 1831, de 443
En 1832, de 415

La moyenne annuelle des enfants trouvés a été pour toute la France, de 1824 à 1833, de. 120,000

Pour le département du Gers, pendant la même période, elle a été de. 2,047

La dépense des mois de nourrice et pensions, à la charge des départements, atteint, pendant la même période, une moyenne de. 8,800,000ᶠ

Pour le département du Gers, cette moyenne a été de 120,000ᶠ

La moyenne annuelle des expositions pour toute la France a été de. 33,600

Pour le Gers, elle a été de. . 436

Le département du Gers, relativement à sa population générale, avait une population de

730 enfants en plus que les départements circonvoisins.

On le voit, ce département, sous le rapport
des enfants trouvés, était placé, comparativement aux départements voisins, dans une position tout à fait exceptionnelle et véritablement
ruineuse.

On ne saurait rechercher la cause de cette
situation particulière ailleurs que dans la mauvaise direction du service qui, à cette époque,
marchait sans règle, sans ordre, et par conséquent sans régularité.

Les conseils généraux s'émurent à juste titre
d'un tel état de choses et le signalèrent à l'attention des préfets qui prirent des mesures
énergiques, si bien qu'en 1838 l'effectif des
enfants trouvés n'était plus que de 1,612, au
lieu de 2,151 qu'il était au 1er janvier 1833.

La mortalité était effrayante; on en pourra
juger par les chiffres suivants :

En 1835, 165 enfants furent admis à l'hospice de Condom, 96 moururent dans l'année.

Du 1er janvier au 31 mars 1836, sur 50
enfants admis, 20 sont morts en trois mois !

Il ne faut pas s'étonner si, sous l'empire de pareils désordres, les mesures les plus rigoureuses furent prises.

Les tours avaient jeté le désarroi partout : le mouvement, la dépense, la mortalité, tout était effrayant, désordonné sous cet affreux régime, et il fallut bien longtemps pour se remettre des désastres de toutes sortes qu'il avait occasionnés.

Les esprits eux-mêmes subissaient l'influence de ce chaos affreux ; les uns prenaient parti pour les mesures prises, les autres s'élevaient contre elles avec une véhémence qu'autorisait seul ce désarroi qui troublait tous les systèmes de notre organisation sociale.

La suppression des tours fut le signal d'une lutte acharnée. MM. de Lamartine et l'abbé Gaillard s'élevèrent contre cette mesure avec plus de talent que de succès. La Chambre des députés entendit à ce sujet de superbes discours où tous les sentiments se donnèrent libre carrière. En somme, les partisans du tour furent en très-petit nombre, ses excès de toutes sortes s'étalaient de toutes parts sur notre pays avec trop d'évidence pour que l'émotion ne fût pas générale et ses adversaires nombreux.

M. Benjamin Delessert disait à la tribune de la Chambre des députés, séance du 26 mars 1836 :

« Le plus grand inconvénient que présente la facilité avec laquelle on reçoit les enfants abandonnés, c'est d'encourager les mauvaises mœurs, de détruire l'esprit de prévoyance, et de rompre les liens de famille. Les hospices d'enfants trouvés semblent inviter toutes les classes de la société à se livrer sans crainte à tous leurs penchants, et à donner le jour à des enfants dont les parents ne veulent ni ne peuvent avoir soin.

« Sans aucun doute, ce serait une mesure d'humanité que de supprimer les tours dans les hospices, car ils facilitent l'abandon des enfants, les dévouent à une mort presque certaine, et sont une prime d'encouragement aux mères pour renoncer aux devoirs de la maternité.

« Les Anglais ont senti depuis longtemps

les inconvénients d'hospices d'enfants trouvés; aussi les ont-ils supprimés. »

Toutes ces idées se retrouvent dans les écrits des hommes les plus distingués de l'époque.

Le célèbre Brougham écrivait au maire de Nîmes, à l'occasion des enfants trouvés :

« La mauvaise conduite offre un vif plaisir suivi d'une peine cuisante. Or, en recevant l'enfant à l'hospice, vous laissez le plaisir à la fille coupable et vous la déchargez de toutes ses suites. Que diriez-vous d'un hospice destiné à soulager les ivrognes? Le cabaret en serait-il moins fréquenté? »

« Les hospices d'enfants trouvés, disaient MM. Duchâtel et de Gauroff, sont la source d'une mortalité effrayante parmi ces infortunés. Quelques efforts que l'on fasse, il est impossible de remplacer pour eux les soins d'une mère.

« Les établissements d'enfants trouvés ont produit les effets que, selon les lois de la nature, ils devaient produire : la taxe des pauvres crée des pauvres en Angleterre; les hos-

pices de France multiplient les enfants abandonnés [1].

« Ce n'est pas la dépense que je blâme, c'est
l'usage *innaturel* que vous avez en France de
séparer l'enfant de sa mère. Si Dieu lui a donné
du lait pour nourrir son fruit, comment ose-
t-on l'arracher de son sein, ou au moins lui
faciliter l'oubli de ses devoirs [2] ? »

Rien certainement ne fut plus préjudiciable,
de tous les temps, que cette liberté, donnée à
quiconque voulait en user, d'abandonner son
enfant. Partout le résultat fut le même ; il serait
donc superflu d'invoquer cette opinion que
quelques esprits se sont plu à répandre : que
telle institution praticable dans un pays ne
l'est pas dans l'autre, sous prétexte de la différence des caractères, des habitudes ou des
mœurs.

La recherche de la paternité, par exemple,
qui, en Angleterre, a produit et produit encore
d'excellents résultats, ne serait pas praticable

---

1. *De la Charité,* par M. Duchâtel.
2. Paroles de M. Vakefield au congrès de Poitiers.

en France, disent les esprits routiniers, précisément à cause de notre caractère, de nos mœurs, de nos habitudes, etc., etc.

Ce raisonnement me paraît tout simplement absurde ; car enfin, lorsque la morale, en Angleterre comme en France, repose sur des principes identiques, les mesures qui doivent en assurer la garantie me semblent avoir les mêmes chances de succès, dans un pays comme dans l'autre.

Sous ce rapport, les Anglais agissent avec plus de logique que nous ; ils acceptent franchement tout ce qui leur semble bon et profitable, sauf à le rejeter ensuite avec le même élan de franchise, si l'expérience vient les confirmer dans l'idée qu'ils se sont trompés.

C'est précisément ce qui eut lieu à propos de l'hospice que Thomas Coram avait fondé à Londres pour les enfants trouvés. Cet hospice, en 1752, avait une population de mille enfants. Le Parlement, pensant être utile à la société, et jugeant que les sentiments naturels n'entraîneraient pas à l'excès ce peuple calme et réfléchi, décida qu'on recevrait dans cet hospice tous les enfants qu'on y présenterait. Cette liberté eut exactement les mêmes effets que la liberté du tour en France : huit ans après, l'hospice de Thomas Coram comptait six mille enfants. Le Parlement, frappé d'un si rapide accroissement et jugeant les périls qu'il devait engendrer, n'hésita pas à supprimer cet hospice et à proclamer ce principe : que toute mère, mariée ou non, était obligée de nourrir son enfant.

Nous n'avons jamais demandé que le Parlement français fût aussi radical que le fut en cette occasion son noble voisin. Nous ne demandons pas la suppression des hospices des enfants assistés, personne ne le désire, assurément. Gardons donc nos hospices, mais gardons-les seulement pour recevoir les enfants véritablement abandonnés et non pour favoriser le vice et de coupables spéculations ; continuons à jouir du bienfait et ne cherchons pas à blâmer l'administration d'avoir supprimé le tour, la source de tant d'abus épouvantables.

La situation si affligeante que je signalais tout à l'heure, à propos de la mortalité, du mouvement et de la dépense, réclamait une mesure prompte et décisive. Par arrêté en date du 19 avril 1836, dont voici un extrait, les hospices dépositaires de Condom et de Lectoure furent supprimés et les admissions centralisées à l'hospice d'Auch.

Arrêté préfectoral du 19 avril 1836.

Le Préfet du Gers,

Vu l'instruction ministérielle du 15 juillet 1811, qui laisse aux préfets le soin de désigner les hospices qui doivent recevoir les enfants trouvés;

Vu la circulaire de M. le Ministre de l'intérieur du 12 mai 1835;

Vu les délibérations prises par le conseil général du département dans ses deux dernières sessions;

Vu l'arrêté du 10 juin 1833;

Considérant, d'une part, que depuis quelque temps le nombre des expositions d'enfants a augmenté dans les arrondissements de Lectoure et Condom; que les chefs-lieux de ces deux arrondissements étant situés près de leurs limites, vers les départements voisins, les hospices qu'ils possèdent sont plus exposés à recevoir des enfants de ces mêmes départements; que la difficulté de se procurer des nourrices, notamment à Condom, a contribué à accroître la mortalité parmi les enfants reçus dans ces hospices, et qu'il est urgent de mettre un terme à une aussi fâcheuse situation;

Considérant, d'autre part, qu'à raison de sa situation centrale, l'hospice du chef-lieu du département du Gers peut et doit suffire seul aux admissions d'enfants trouvés dont l'état est constaté ;

Arrête :

Art. 1er. A partir du 15 mai prochain il ne sera plus admis aucun enfant trouvé ou abandonné dans les hospices de Lectoure et de Condom.

Art. 2. Toutes les autres dispositions de l'arrêté du 10 juin 1833 sont maintenues, et leur ponctuelle exécution est de nouveau recommandée au zèle et à la vigilance de MM. les maires.

A la suite de cette mesure qui, comme on le voit, a été commandée plutôt par un sentiment d'humanité excité par la mortalité effrayante qui régnait à Condom sur les enfants trouvés, que dans le but de réaliser une économie, la situation du service commence à se renfermer dans un cadre plus normal.

L'effectif qui était en 1838 de 1,612 enfants dépensant. . . . . 98,509f »c

n'est plus en 1840 que de 1,261 enfants dépensant. . . . . 76,831 »

n'est plus en 1842 que de 1,160 enfants dépensant. 59,216 58

n'est plus en 1845 que de 950 enfants dépensant. 46,634 32

La mortalité ne commence guère à s'abaisser d'une manière sensible qu'à partir de 1845; sa moyenne sur tout l'ensemble du service est alors de 18.11 p. 100, jolie différence, comme on le voit.

En 1848, elle n'est plus que de 7.68 p. 100.

Je n'entrerai pas dans plus de détails; à partir de cette époque, la situation se maintient dans cet état rassurant. C'était le soleil qui succédait aux orages que les tours avaient déchaînés sur nos malheureux services.

L'examen rétrospectif auquel je viens de me livrer saura nous faire apprécier les bienfaits dont nous jouissons aujourd'hui.

Les enfants trouvés ne sont guère plus que pour mémoire dans le service, comme pour nous engager à ne pas oublier cette triste époque où nous en comptions plus de 2,000 à la charge du département; deux mille malheureux qui grandissaient sans espérance de goûter jamais ces joies si pures de la famille, ce port vers lequel l'enfant revient toujours avec un nouveau bonheur.

Aujourd'hui tout s'est humanisé et harmonisé dans notre service. Nos enfants ne portent plus le triste nom d'enfants trouvés, qui était presque une tache à leur front :

Nous les appelons enfants assistés.

Ces enfants assistés se divisent en deux catégories :

Les enfants de l'hospice ;

Les enfants secourus temporairement, conservés par leurs mères.

Les enfants de l'hospice ne sont plus que le petit nombre, heureux progrès! Sur 455 assistés actuellement, nous ne comptons que 144 élèves de l'hospice ; les 311 autres ont été et sont encore en ce moment nourris, pour la plupart, par leurs mères ; ils ont une famille qui les aime ; un état civil, car ils ont tous été reconnus.

Voilà en quelques mots ce que le présent nous offre, à côté de ce que le passé nous montre, sous les ruines du tour qu'on voudrait relever.

Gardons-le, ce présent consolant, améliorons-le si c'est possible, en accordant aux filles-mères un secours qui ne soit pas dérisoire, et bientôt, ce n'est pas douteux, nous n'aurons presque plus d'abandons, et nos hospices ne s'ouvriront guère que pour accueillir les pauvres petits orphelins que la mort de leurs auteurs aura laissés seuls sur la terre.

On juge l'arbre par ses fruits : ce vieil adage ici se vérifie, et nous allons le constater.

Les résultats acquis, il ne faut pas se le dissimuler, ont été considérables.

Le système des secours aux filles-mères s'est implanté, et s'implante chaque jour davantage dans nos mœurs au delà de toute espérance.

Les préjugés qui s'élevaient contre ces malheureuses, coupables d'une seconde d'oubli ou de surprise, ont rappelé de leurs rigueurs ; on passe aujourd'hui près d'elles sans mépris, pourvu qu'elles accomplissent, ainsi que la nature le commande, les devoirs imprescriptibles de la maternité.

Chose véritablement admirable, et qui du reste est la pure morale du système, c'est que son enfant, à cette pauvre fille, est devenu l'objet de sa réhabilitation joyeuse ; la honte ne lui fait plus monter la rougeur au front, son enfant a tari dans ses yeux la source des larmes dont sa faute était l'origine, ses sourires et ses baisers l'ont séchée ; son cœur ne bat plus à se briser sous l'empire de la honte, l'amour maternel seul l'agite maintenant, et son âme enfin peut s'élever vers Dieu pour le remercier de toutes les joies que lui procure l'accomplissement de son devoir si doux.

Oui, son enfant la protège ! c'est ce que nous voulions.

A ceux qui prétendraient que le secours est une prime à l'inconduite, je répondrai qu'ils se trompent et qu'ils ne savent pas ce que l'enfant ramène de pudeur et de chasteté dans l'âme de la femme, dont l'innocence se reconstitue pour ainsi dire au contact de ce petit enfant qu'elle tient à préserver des écueils qui l'ont fait tomber ; auquel elle veut cacher, tant qu'elle pourra, la honte de sa faute, en même temps que celle de son origine à lui, pauvre petit, qui n'apprendra que trop tôt, hélas ! qu'il n'a pas de père connu. Cette révélation d'une lâcheté horrible sera pour lui d'autant moins pénible que sa mère, par son courage, par sa bonne conduite, par son amour, aura tout fait pour lui en adoucir l'amertume.

N'est-ce pas là une véritable réhabilitation, aussi satisfaisante, aussi éclatante que possible; et notre secours au contraire n'a-t-il pas été un encouragement à la bonne conduite, à la sainte pratique du devoir le plus sacré de tous les devoirs, plutôt qu'une prime à l'inconduite ?

En veut-on la preuve? Je vais la donner éclatante et sans réplique.

Nos récidivistes dans le département du Gers atteignent à peine la proportion de 4 p. 100, et, sur 649 filles-mères admises aux secours depuis quatre années, les filles-mères enfants naturels ne sont qu'au nombre de 24; soit une proportion de 0.37 p. 100 sur les filles-mères enfants légitimes.

Encore une fois, les fruits de notre assistance ont-ils donc été perdus?

Car, enfin, voilà vingt ans déjà que les secours s'adressent aux filles-mères dans le département du Gers. Les fruits de la séduction sont déjà mûrs pour les séducteurs; si notre assistance était l'arbre du mal, n'en trouverions-nous pas un plus grand nombre déjà rongés par eux?

Malgré que je ne puisse donner pour le département que le résultat d'une courte expérience, les documents qui m'ont été transmis ne me permettent pas de pouvoir faire une preuve certaine plus grande: écoutez encore :

Depuis ma prise de possession de service, c'est-à-dire depuis cinq années, notre assistance s'est adressée à 710 enfants naturels, 645 ont survécu, 21 ont été légitimés par le mariage.

Quel eût été le résultat avec le régime du tour?

Il resterait de ces enfants à peine la moitié, et ces malheureux seraient sans famille, sans caresses, sans sourires, sans baisers, ces oiseaux enchanteurs du cœur qui voltigent des lèvres des mères sur le front des enfants.

Ah! Messieurs, je vous en supplie, au nom de l'intérêt si légitime que doivent nous inspirer tous ces petits êtres, de grâce épargnez-leur, pour l'avenir, les monstruosités du tour, laissez-les à leurs mères!

Et puis, tenez encore, vous pourriez peut-être croire que nous sommes l'exception, et qu'ailleurs il n'en est pas de même qu'ici. Écoutez plutôt :

Dans le département des Deux-Sèvres, où j'ai vécu deux années auprès d'un chef modèle qui fait rêver à saint Vincent de Paul, l'honorable M. Berton, mon maître et mon ami vénéré, me transmettait, il y a quelques jours à peine, le résultat suivant :

Depuis 16 années qu'il consacre toute sa vie et tout son cœur au service des enfants assistés des Deux-Sèvres, voici le résultat qu'il a obtenu :

2,600 enfants ont été admis par lui aux secours temporaires.

1,900 survivent ! 600 ont été légitimés !

Le tour, qu'aurait-il fait ?

Il eût fait ce que je disais tout à l'heure : Minotaure impitoyable, il eût dévoré au moins la moitié sinon les trois quarts de ces enfants. Êtes-vous convaincus ?

Il eût fait, ô honte et misère ! il eût fait ce que nous signale l'honorable M. Couteau, avocat à Blois, membre du conseil général de Loir-et-

Cher, rapporteur, en 1877, pour le service des enfants assistés :

« Sur 660 enfants exposés dans le cours de trois années, de 1846 à 1848, au tour de l'hospice dépositaire, 68 seulement avaient survécu ; ce qui donne une moyenne de décès d'environ 80 p. 100 [1]. »

Écoutez encore : c'est M. Duval, *docteur en médecine* à Gournay, membre du conseil général de la Seine-Inférieure, qui va vous parler des navrants exploits du tour dans ce beau et magnifique département, si riche, si populeux, dans cette superbe vallée de la Seine où tout est florissant et prospère, dans ce pays où les bras appellent les bras autour de toutes les industries ; écoutez ce que le tour en moissonnait au temps où il régnait :

« *Mortalité.* — Depuis la suppression du tour de l'hospice de Rouen, en 1862, la création de bureaux d'admission dans chaque hospice dépositaire du département et le placement immé-

---

1. Procès-verbaux des délibérations du conseil général de Loir-et-Cher, année 1877, 2ᵉ session, p. 100.

diat de presque tous les nouveau-nés chez des nourrices au *sein,* ont contribué à une diminution considérable de la mortalité des enfants de la naissance à un an.

« Sur ceux qui ont pris part à l'assistance pendant l'année 1876, cette mortalité a été de . . . . 23.87 p. 100

« La moyenne des six dernières années est de. . . . . 31.66 p. 100

« Lorsque le tour fonctionnait, cette mortalité s'élevait en moyenne au chiffre effrayant de 90 p. 100

« En 1861, dernière année que le tour est resté complétement libre, la mortalité a atteint le chiffre incroyable de. . . . 98.25 p. 100

« Le tour n'est certes pas seul coupable dans cette effroyable mortalité, mais, en présence des résultats acquis et en attendant la fin de l'enquête ordonnée par le Gouvernement, votre seconde commission est d'avis de continuer le système des admissions actuelles avec l'extension la plus grande des secours aux filles-mères.

« Quant à la mortalité des enfants de la

naissance à douze ans, elle est peu élevée, la moyenne des six dernières années étant de . . . .   8.79 p. 100

« En 1858, où l'on créa le
bureau spécial de ce service,
cette mortalité s'élevait à . . .   29.74 p. 100

« On l'a donc réduite depuis
cette époque de . . . .   20.95 p. 100

« Ce sont là, Messieurs, de magnifiques résultats, et vous ne pouvez que vous applaudir des
différentes augmentations que vous avez votées
depuis 1871 sur les propositions de nos honorables collègues MM. Ramel et Waddington, et
notamment en 1876 sur l'initiative de M. le préfet que nous sommes heureux de revoir à la tête
du département [1]. »

Plus on examine cette question, très-consi-
dérable, puisque son action s'étend sur la
France tout entière, depuis la plus grande ville
jusqu'au moindre hameau, plus on est tenté de
se demander comment il se peut que M. le doc-

1. Procès-verbaux des délibérations du conseil général de la
Seine-Inférieure, année 1877, session de décembre, p. 816.

teur Brochard, doué de la grande intelligence qu'on lui connaît, ait pu la limiter ainsi au milieu particulier dans lequel il l'a placée.

Il y a là une lacune qui n'échappera à personne ; elle sera la condamnation de ses théories aussi bien que du système qu'il propose à leur appui.

Du reste, il semble l'avoir compris lui-même, ce défaut de son œuvre, et si bien compris qu'il ne peut se dispenser de sortir parfois du champ clos au milieu duquel il aime à combattre, afin de glaner, par-ci par-là, quelques faits susceptibles de donner à son ébauche un semblant de la grande physionomie qui lui manque. Mais ces traits indécis ne suffisent pas à lui imprimer le caractère qui lui serait nécessaire pour qu'elle soit une œuvre complète.

Il eût été à désirer, en un mot, qu'avec son activité d'esprit, son amour du bien, ses qualités de combattant qu'il pousse jusqu'à la passion, il eût pu embrasser dans tout son ensemble, après l'avoir étudiée dans tous ses détails, la grande famille assistée ; qu'il fût allé s'enquérir dans toutes les régions de France du bien et du mal qui, suivant les milieux, s'y développent de préférence, s'appliquant ainsi à corriger l'un à l'aide de l'autre.

Il eût de la sorte exécuté une œuvre complète, *et vraie surtout*, qui, avec toutes les qualités précieuses résultant d'un tel ensemble dans l'examen, aurait pu le conduire à nous indiquer un remède nouveau, efficace et salutaire, plutôt que ce dangereux système dont on ne saurait oublier les néfastes effets.

Au lieu de cela, suivant ses entraînements de médecin spécialiste, il semble prendre comme un secret plaisir à retourner dans la plaie son scalpel toujours curieux, avide de mettre à nu quelque fibre ignorée, ou bien de faire suinter un virus inconnu.

C'est pour cela sans doute qu'il ne quitte pas les grands centres, vastes amphithéâtres, immenses léproseries, où il rencontre plus souvent les sujets de son choix, c'est vrai, mais aussi moins de sujets sains qui puissent lui permettre d'établir des comparaisons, de chercher des différences.

Après avoir étudié le mal sur la plaie vive, il a cherché le remède à cet ulcère dont les lèvres hideuses semblent en quelque sorte révéler l'incurabilité. Je le croyais allopathe, voilà qu'il est homœopathe, c'est du moins ce qu'on pourrait penser au seul examen de son ordonnance.

Il pourrait avoir raison, mais son école n'est pas encore assez puissante pour lutter contre la grande académie. Aussi j'espère qu'on ne condamnera pas la société à l'épreuve qu'il conseille ; elle est trop vieille ou trop jeune pour pouvoir la supporter.

Je ne voudrais pas me donner l'air, souvent ridicule, d'un donneur de conseils. Mais il me semble qu'il aurait bien fait, cet audacieux docteur, avant de rendre publique cette étude où le médecin s'oppose au philosophe, je crois qu'il aurait bien fait, dis-je, d'appeler en consultation son savant et très-sympathique confrère, M. le docteur Duval, qui, d'après le rapport que nous connaissons, me semble aussi vrai philosophe que sage et prudent médecin, qualités bien faites pour le rendre compétent dans une si grave question. De plus, il est membre du conseil général de son département, par conséquent familier avec les grandes questions d'économie sociale, financière, politique même, qui d'ordinaire se traitent dans ces assemblées, tout ce qu'il faut enfin pour résoudre un problème qui, par tant de côtés, touche plus ou moins à ces trois choses.

Puisqu'il considère le médecin comme seul capable d'exercer des fonctions de l'importance de celles qui nous sont confiées, n'aurait-il pas eu encore une très-heureuse inspiration s'il s'était souvenu que parmi les inspecteurs départementaux des enfants assistés, nous avons l'honneur de compter au moins quinze savants médecins. — S'il ne fait pas cas de nous, les condamnés de demain, si ses espérances se réalisent toutefois, il pouvait accorder à ceux-là tout au moins une certaine créance; médecins comme lui, ils joignent à leur science les qualités qu'on aime à rencontrer chez des hommes qui ont charge d'enfants, d'enfants malheureux, d'enfants orphelins, auprès desquels ils exercent, au même titre que nous, le rôle de père de famille.

Moins exclusifs que lui, et plus justes sans doute, nous accordons à nos très-sympathiques collègues une confiance absolue; quelques-uns, nos aînés dans le service, ont pu juger des effets du remède qu'il préconise; je ne sais pas ce qu'ils en pensent, mais tout me porte à croire que leur expérience les engagera à se ranger de notre avis, qui sera, je l'espère, celui de la majorité.

VI.

Point de vue financier.

M. le docteur Brochard, je lui demande pardon de le mettre si souvent en cause, mais ses écrits m'ont tellement intéressé, et ils jouent dans la question un rôle tellement prépondérant, qu'il faut bien revenir incessamment à lui, surtout lorsqu'il s'agit de cette partie de la question, à laquelle il a donné un caractère si peu conforme aux traditions de charité et des grands sentiments qui en sont l'apanage, dans notre beau et cher pays de France, qui est, on peut le dire, la terre classique de tous les dévouements sublimes, de toutes les idées généreuses les plus dignes d'exciter l'admiration des hommes.

L'honorable pétitionnaire n'a pas craint d'avancer que la mesure, dont l'effet a été la suppression des tours, n'a pas eu d'autre cause que la pensée peu avouable de réaliser une économie, et que cette économie a entraîné de véritables hécatombes d'enfants et a causé au pays une diminution notable de sa population.

Je regrette vraiment de me trouver si souvent en désaccord avec lui, mais ici, pas plus qu'ailleurs, je l'avoue, je ne puis me ranger de son avis, et même je me refuse à croire que, quand l'idée lui est venue d'exprimer une si téméraire opinion, il ait bien songé auparavant si elle pouvait présenter seulement un semblant de vérité, surtout s'il s'est donné la peine de rechercher, ainsi que je l'ai fait, toutes les considérations qui ont présidé à l'importante décision qui a eu pour effet la suppression des tours.

Certainement la question financière a été l'objet des débats que cette mesure a soulevés, et il le fallait bien.

Ne faisait-elle pas, comme la question morale, la question religieuse, la question humaine, la question politique même, partie intégrante de la question générale ?

Il était donc impossible de ne pas s'y intéresser.

Mais on ne s'en est occupé pour ainsi dire qu'incidemment, on l'a traitée la dernière, toutes les autres ont eu le pas sur elle.

Le tour, je le répète, était un gouffre qui dévorait, sans que jamais sa faim fût assouvie, non-seulement des enfants français, mais encore une partie considérable de la fortune française, sans profit pour le petit nombre de malheureux qu'on parvenait à lui ravir, et au détriment des plus grands et des plus sérieux principes de la vie sociale.

Il a bien fallu que, du jour où il tombait sous les coups de la vindicte publique, les abus qu'il entretenait disparussent avec lui ; c'était là le but que l'on se proposait d'atteindre, il eût été vraiment triste et malheureux de n'y pas réussir.

Des intérêts de premier ordre étaient engagés dans ce succès, intérêts qui, avant la question financière, prenaient leur source dans tout ce que l'humanité a de plus souverainement respectable, dans tout ce qu'elle a de plus sacré.

Le tour faisait litière de tout, de la morale publique comme de la morale religieuse, de tous les sentiments naturels, délicats, honnêtes, élevés, nobles, généreux, qui découlent de ces deux sources primordiales ; il dévorait des enfants et tarissait dans le cœur des femmes tout ce que l'amour sait y faire germer : le dévoûment, le respect de soi-même, la pudeur, le repentir, la honte même, l'amour du devoir surtout, de ce devoir imprescriptible de la maternité, soleil qui jaillit du cœur des mères pour féconder le monde.

Voilà ce qu'il faisait, ce Minotaure impitoyable, vous le saviez aussi bien que moi, et, je le répète, vous ne craignez pas de dire que les hommes généreux qui en ont combattu le barbare usage, l'ont fait dans le but de réaliser d'inavouables économies.

Mais si ce n'était pas si triste, on serait tenté d'en rire.

Non, docteur, vous avez écrit cela, mais, certes, vous ne l'avez pas pensé, votre plume s'est faite la complice de votre ambition, loyale sans doute, mais peu réfléchie à coup sûr. Vous auriez dû vous souvenir un peu du vieil adage : « Qui veut trop prouver ne prouve rien. »

La question financière s'est modifiée d'elle-même ; elle a subi le sort des autres abus, et voilà tout.

Les économies qu'on a faites, dites-vous encore, ont entraîné de véritables hécatombes d'enfants ?

Votre talent et votre science auraient dû vous mettre à l'abri d'une pareille appréciation. Elle n'est pas juste !

J'aime assurément à vous croire de bonne foi ; on n'arrive pas aux honneurs qui vous ont été décernés sans qu'il en soit autrement. Aussi, je préfère penser que vous vous êtes trompé, ce qui peut arriver à tout le monde, même à un docteur de votre expérience, si grande et si complète que soit sa science.

Je ne discuterai pas sur ce point, il est des choses qui ne se discutent pas, qu'on ne peut pas discuter, qu'on ne doit pas discuter, par respect pour la logique et surtout pour la vérité.

Je vous ai indiqué au cours de cet ouvrage les hécatombes d'enfants; à côté de celles-là, les vôtres pâlissent, je ne les vois pas.

Vous attribuez encore à ces économies la diminution de la population en France.

Ce n'est pas non plus aux économies, ou plutôt à la diminution de la dépense des enfants assistés, qu'il faut attribuer cette diminution de la population dont vous parlez. Je crois que beaucoup de gens penseront avec moi qu'il convient mieux d'en chercher la cause dans les calculs de l'égoïsme si accentués de notre époque, alors que dans toutes les classes de la société, sans exception, on s'efforce de diminuer le plus qu'on peut le cercle de la famille; et puis, ne devons-nous pas l'attribuer encore à ces guerres malheureuses, impolitiques même, où, pendant près de vingt années, le sang et la vie des Français les plus vigoureux ont été prodigués sans compensation d'aucune sorte.

Crimée! Italie! Chine! Cochinchine! Mexique! Allemagne (France, plutôt)!

Voilà les terres qui ont bu le plus pur sang de la France!

Voilà ce qui, à coup sûr, nous a énervés, nous a dépeuplés!

Ce sont ces hécatombes qu'il faut regretter! C'est devant elles qu'il faut gémir! devant elles qu'il faut nous recueillir et essayer de nous refaire, afin que l'avenir puisse nous venger du passé!

Mais, de grâce, pour réaliser une si chère espérance, ne recourons pas au tour! Cet expédient ne pourrait être que l'auxiliaire de l'égoïsme dont je viens de parler; cet égoïsme qui non-seulement tue la famille, mais qui encore tarit en nous la source des sentiments les plus nobles et les plus généreux. L'égoïsme, ce culte sacrilége de la personnalité humaine, « plus laid que la mort », comme l'a dit le poète, qui a déjà imprimé sur nos institutions et sur nos mœurs son stigmate flétrissant;

dissolvant actif entre tous, il épuise la vie sociale et donne un semblant de raison aux déclamations des pessimistes qui le considèrent comme un signe indéniable de décadence, contre laquelle nous ne saurions réagir.

Les lois primordiales s'effondrent sous l'empire de ses calculs odieux, et la famille perd avec lui sa vitalité physique et sa puissance morale; au lieu d'être forte et riche par le nombre, elle se traîne chétive et impuissante dans le cercle rétréci qu'il lui assigne.

La population de nos enfants assistés est actuellement pour toute la France de :

Élèves des hospices. 62,073
Enfants secourus conservés par leurs mères. 32,529

Total. 94,602

La dépense pour les élèves des hospices est de . . . . 4,974,480^f 42^c
La dépense pour les enfants secourus. 2,918,860 66

7,893,341^f 08^c

La moyenne de la dépense pour chaque élève de l'hospice est de. . . . . 80^f 14^c
La moyenne de la dépense pour chaque enfant secouru. 89 70

J'aurais été trop malheureux d'arriver à la fin de ce travail sans avoir la bonne fortune de tomber au moins une seule fois d'accord avec l'honorable pétitionnaire. J'espère y être parvenu en ce qui concerne la dépense; sur ce point, je suis complétement d'accord avec lui : elle est insuffisante, pour ne pas dire dérisoire dans beaucoup de départements. Une autre fois encore, je me rencontrerai avec lui sur ce terrain pacifique, si agréable à trouver à la fin d'une discussion de la longueur de celle-ci, surtout lorsqu'on sent que la lutte, quelle que soit sa vivacité, tend également vers le même but, où nous trouvons réunis la charité donnant la main à la morale; les intérêts de la patrie d'accord avec ceux de l'humanité, de la logique et de la foi; l'espérance enfin, du milieu de son pré vert, souriant aux combattants qu'elle réunit dans un même sentiment : la justice !

Alors toute prévention s'efface, et comme je le disais au commencement de cet ouvrage, dans une joute de ce genre, où chacun apporte les qualités et les défauts de son tempérament, mais aussi ses convictions les plus saintes, il n'y a pas de vaincus.

C'est ainsi que les bonnes causes finissent toujours.

Je trouve donc, avec l'honorable docteur Brochard, que cette moyenne de la dépense, afférente à chaque enfant, n'est en rapport ni avec ses besoins, ni avec les exigences du temps.

Aussi réclamerai-je avec instances l'élévation des tarifs.

Ne pas opérer cette réforme serait consacrer réellement une économie, qui ne ferait probablement pas d'hécatombes d'enfants, mais qui serait très-préjudiciable aux intérêts des enfants assistés.

C'est en comparant la dépense actuelle avec ce qu'elle était autrefois, à l'époque où les tours fonctionnaient, que nous arriverons à préciser cette partie très-importante de la question.

En effet, en 1830, la population était de 122,645 enfants trouvés; la dépense de 9,590,408 fr.; soit une moyenne par enfant de 81 fr. 16 c.

En 1833, elle était de 129,222 ; la dépense de 10,242,047 fr. ; soit une moyenne par enfant de 80 fr. 37 c.

En 1836, elle était de 99,695 ; la dépense de 8,523,341 fr. ; soit une moyenne par enfant de 82 fr. 31 c.

La moyenne de la dépense ne s'est pour ainsi dire pas modifiée depuis près d'un demi-siècle ; il y a évidemment là un état stationnaire dont tout le monde comprendra le danger et auquel personne ne refusera son concours, ce n'est pas douteux.

Cette situation est, du reste, déjà comprise dans presque tous les départements, où l'on fait de louables efforts pour la modifier ; le département du Gers est de ce nombre, et je ne doute pas que, dès la prochaine session, le conseil général de ce département ne complète l'œuvre des réformes si énergiquement entreprises depuis quelques années ; sérieux et salutaire exemple que tous les départements voudront suivre assurément.

VII.

De la séduction.

Cette étude serait incomplète, et ne satisferait pas à toutes les exigences d'une si grave question, si je devais me borner à considérer le système d'assistance actuellement en vigueur comme un remède suffisant contre les ravages terribles qu'occasionnent les plaies sociales dont nous ne saurions trop révéler et le nombre et la nature.

Ce système, tel qu'il est déjà, me paraît incontestablement le meilleur et le plus sûr entre tous ceux que nous avons mis en pratique jusqu'ici ; il sera aussi parfait que possible lorsque, par suite de la discussion engagée, amélioré, il correspondra, d'une manière plus sérieuse et plus efficace, aux misères auxquelles il s'adresse. Ainsi que je l'ai déjà dit, il a sur le tour des avantages précieux et considérables, et ne saurait, en aucune façon, lui être comparé ; par ces motifs qu'il protége directement l'enfant auquel il conserve sa mère ; qu'il protége et moralise la mère elle-même, la mettant en garde, par l'accomplissement de son devoir sacré, contre les tentations nouvelles du vice, contre les attaques incessantes et perfides des séducteurs.

Néanmoins, si rassurant et si consolant que ce mode d'assistance puisse paraître, nous devons déclarer qu'il est et sera toujours insuffisant tant que notre action ne pourra s'exercer que sur les effets, négligeant la cause, et lui laissant toute liberté de continuer son œuvre de démoralisation. En un mot, si bien que nous fassions, nous ne pouvons nous dissimuler que nous nourrissons le cancer, au lieu de nous attaquer à son germe, ce qui devrait être le but constant de tous nos efforts, l'unique mobile de toutes nos aspirations.

Je vais, je le sais, toucher au point le plus irritable et le plus délicat de la question, à celui qui est l'origine, la cause, le principe certain de tous ces maux divers que nous voulons combattre ; sujet scabreux et difficile sans doute, mais accessible à coup sûr. Aussi je n'hésite pas à en aborder les difficultés, sans crainte des critiques dont je pourrai devenir l'objet, tant est puissant en moi le sentiment qui me guide, et évident devant mes yeux l'ennemi que je me propose de combattre.

J'ai nommé : *la séduction!* La séduction, ce fantôme qui échappe à toutes les poursuites, même à celle de son ombre, et auquel la loi pourrait cependant donner une forme saisissable, si nos législateurs, moins scrupuleux ou moins timorés, s'affranchissant davantage des préjugés qui les arrêtent, voulaient l'envisager sous son véritable aspect : c'est-à-dire par rapport à tous les maux dont elle est la source.

La séduction! Ah! oui, vraiment, voilà bien le germe de ces abcès multiples et profonds accrochés aux flancs de notre société moderne; ce fléau qui mine la nation, l'épuise, l'énerve, détruisant ainsi en elle la force physique, et surtout le sens moral, ce reflet précieux de l'âme sans les rayonnements duquel tout s'étiole et périt.

N'est-ce pas contre cet ennemi que doit se

tourner toute notre action, contre lui qu'il nous faut réagir au plus vite, si nous ne voulons pas qu'il soit trop tard pour en combattre utilement les désastreux ravages ?

Un moraliste, dont personne ne saurait contester ni la science profonde, ni le tact exquis, ni l'esprit juste, ni le cœur droit, défenseur ardent, en même temps qu'admirateur respectueux du sexe faible, que nos lois ne protégent pas contre les dangers de la séduction, M. E. Legouvé, dans son *Histoire morale des femmes,* s'élève contre cet ennemi social avec l'énergie admirable et convaincue que devait lui inspirer une cause si intéressante et si considérable.

« *Il faut une loi contre la séduction,* s'écrie-t-il !

« Quelle forme revêtira cette loi ? Accordera-t-elle une action à la fille séduite ? Frappera-t-elle seulement le séducteur ? Permettra-t-elle la recherche de la paternité ? Il ne m'appartient pas de le décider ; mais ce qui est certain, c'est qu'elle existera : car il est impossible qu'une société vive avec un tel cancer au cœur ; les politiques comme les moralistes, les

statisticiens comme les philosophes, les médecins, les administrateurs, les fonctionnaires de
l'État comme les penseurs, tous stigmatisent
avec indignation cette doctrine fatale de l'impunité.

« L'impunité assurée aux hommes double le
nombre des enfants naturels ; or, la moitié des
voleurs et des meurtriers sont des enfants naturels. — L'impunité nourrit le libertinage, énerve
la race, bouleverse les fortunes et flétrit les enfants. — L'impunité alimente la prostitution ;
or, la prostitution détruit la santé publique et
fait un métier de la paresse et de la licence. —
L'impunité, enfin, livre la moitié de la nation
en proie aux vices de l'autre : sa condamnation
est dans ce seul mot. »

Quand une voix aussi autorisée a pu parler
un tel langage, c'est que la vérité lui en inspi-
rait les accents. Et ne semble-t-il pas que ce
soit un mot de ralliement jeté à tous ceux qui
se préoccupent de cette délicate question, pour
les encourager à combattre à ses côtés contre
ce spectre insaisissable qui se cache et se glisse
partout : *le séducteur!*

Qu'est-ce qu'un séducteur ? Telle est la question que nous devons nous poser avant toute discussion.

Un séducteur est celui qui corrompt l'innocence, la vertu des filles ou des femmes.

C'est ainsi qu'on définit dans notre langue cette espèce d'hommes vicieux que, par excès de prévoyance, ou plutôt par crainte de périls imaginaires, notre législation, plus timorée que sage, depuis près d'un siècle, laisse libres au milieu de la société, sans qu'il soit possible de combattre leurs manœuvres.

Dans son cercle d'action, et il est immense, puisqu'il englobe le pays tout entier, le séducteur est monarque absolu, sans aucune loi qui le domine, sans aucun frein qui le modère. Ses passions peuvent être considérées comme ses courtisans, il devient leur esclave et le jouet de leurs immondes caprices, quelle que soit la voie dans laquelle il leur conviendra de l'entraîner. Sa conscience, tout au plus, pourrait tempérer ses audaces ; or, celle-ci, nous le savons de reste, l'impunité en a paralysé toutes les fibres les plus délicates ; sourde, muette, aveugle, dans son hébètement elle n'a plus d'oreilles pour entendre les clameurs désespérées de ses victimes, plus d'yeux pour voir les désastres accumulés sous les rages de la brute.

Devant ses victimes, le séducteur est sans scrupules et sans pitié, et les résistances qu'il rencontre près des unes ne font qu'exciter davantage ses fureurs agressives contre les autres ; or celles-ci n'ont d'égal que l'excès de ses désirs effrénés.

Aussi le voyons-nous s'abritant sous tous les masques, et jouant tous les rôles. Dans ses appétits grossiers et jamais assouvis, il n'hésite pas à confondre dans le même sentiment, et la prostituée et la vierge pudique ; il fait litière de tout ; blasé par les faveurs faciles de l'une, il trouve un secret plaisir dans les résistances honnêtes de l'autre ; habile dans l'art de tromper, il connaît toutes les ruses et commet toutes les fraudes.

Persuasif autant qu'audacieux, il s'évertue à plaire, il y réussit quelquefois et souvent même il parvient à faire naître, dans le cœur de la jeune fille qu'il convoite, un sentiment honnête d'affliction, qui bientôt deviendra l'arme dont il se servira pour l'abattre et l'étendre à ses pieds!

Le séducteur est encore ce misérable lâche qui aime à surprendre les sens endormis d'une jeune vierge, se repaître de son innocence, sans s'inquiéter si son honneur va devenir l'enjeu de ses passions encore mal assouvies.

S'inquiète-t-il davantage des ruines qu'a provoquées ce coup de foudre, dont il a lui-même allumé les étincelles?

Non! Cette vie brisée, ce cœur flétri, cette enfant vaincue, cette famille dont il a pour ainsi dire détruit le doux lien qui était sa joie, cette vertu qui était un trésor qu'il a ravi à ceux qui le gardaient, toutes ces choses saintes et sacrées il les a sous ses pieds et il les méprise!

Observez-le, ce misérable, et, sous son masque, vous le verrez rire comme un démon, dont il a toutes les ruses, tous les artifices, toutes les audaces et toutes les perfidies.

Le voilà bien sous tous ses aspects hideux, cet homme contre lequel la justice n'est pas armée.

Il a fait tout ce que je viens de dire, et l'impunité lui est dévolue!

Il va pouvoir porter ailleurs la même honte, les mêmes désespoirs, les mêmes déshonneurs, et, quand même et toujours, quel que soit l'excès de la vindicte publique, c'est en vain qu'elle se tournera contre lui : l'impunité lui est incessamment réservée!

La loi lui fait un bouclier d'airain contre lequel tout vient s'émousser, à moins cependant qu'un père affolé, comme Marambat, par exemple, ne s'arme d'un revolver ou d'un poignard pour venger sa fille, à défaut de toute justice!

La loi armée contre ce père, victime de la séduction dans la personne de sa fille, va s'élever contre ce vengeur des filles séduites, et brandir sur sa tête son glaive inexorable et menaçant. — Mais ses pairs, devenus ses juges, le déclareront bientôt innocent du crime qu'il a commis; accordant toute leur sympathie et leur respect à ce malheureux que l'outrage a blanchi, ils trouveront juste cette exécution, leur verdict le vengera; et, devant le séducteur châtié, la loi elle-même devra s'avouer vaincue.

Ne devons-nous pas trouver dans cet exemple, qui a pour pendant tant d'autres non moins éloquents, une sorte de protestation contre l'impuissance de la loi?

Ces juges même qui, en présence de ce père si cruellement frappé, ne peuvent voir que son outrage et non pas l'homicide : n'y a-t-il pas là encore une nouvelle protestation, que l'on peut à bon droit considérer comme la manifestation évidente du sentiment public, exprimé par ses délégués à la cour d'assises?

Oui, certainement, et dans celui qui tue et dans celui qui juge, il y a tout un enseignement qui nous amène fatalement à nous écrier avec Legouvé : « *Il faut une loi contre la séduction !* »

Cette loi a été, pour ainsi dire, en honneur de tous les temps et chez tous les peuples.

En effet, les législations les plus anciennes nous montrent la jeune fille constamment protégée par la loi, qui réprime avec une sévérité souvent même barbare, les attentats commis contre sa pudeur, son innocence ou sa vertu. La vierge est considérée par le législateur antique comme un autel sur lequel nul ne peut, quel qu'il soit, porter une main téméraire; la séduction est surtout l'objet des rigueurs les plus excessives que puisse inspirer cet odieux attentat, et beaucoup de peuples l'élèvent même à la hauteur d'un crime.

Autant la fille impudique reste, chez eux, avilie et méprisée, autant est vénérée au contraire la jeune vierge dont les sens dorment doucement sous la protection de son innocence et de sa vertu. Aussi, malheur à l'audacieux qui tenterait de troubler, à son insu, ce sommeil respectable à l'égal d'un dieu!

Ainsi que je viens de le dire, le législateur antique édicte surtout des lois de protection pour la jeune fille; il semble ne pas se préoccuper de la femme : c'est que, passé un certain âge, elle est comme frappée de déchéance; devenue femme, il faut qu'elle courbe le front; une fois sa couronne virginale tombée, semblable à l'idole renversée de son piédestal, son prestige s'évanouit, elle devient la très-humble servante de l'homme, près de lui elle vit dans un état voisin de l'abjection, ce n'est plus qu'une machine qui doit obéir à la voix et au geste de son souverain maître, subir toutes ses passions et tous ses caprices.

La femme ainsi condamnée par l'homme à l'état d'esclave, c'était évidemment, de la part de celui-ci, faire échec à la lumière; incapable de comprendre les qualités incomparables de cette compagne créée son égale sous le souffle de Dieu, c'était se fermer les horizons dont elle seule était capable de lui faire entrevoir les splendeurs magnifiques.

Aussi voyons-nous peu à peu le joug s'appesantir moins lourdement sur elle; les Hébreux, les Grecs, les Romains, les Germains, imitent leurs devanciers, la jeune vierge est pour eux semblable à la colombe, cet oiseau vénéré; elle est l'agneau sans tache, et, dans leur idéal, son innocence et sa vertu empruntent un tel caractère que, parée pour l'hyménée, ils aiment à contempler son sourire pudique répondant aux avances discrètes de l'époux, pieux gage qu'ils accueillent comme un témoignage du plus complet bonheur et de la plus grande perfection de leur race, signe précurseur de la rédemption vers laquelle la femme s'achemine.

Le Christ apparaît et brise le joug sous lequel la femme est courbée, la Vierge-mère la relève de sa déchéance, le Christ répand sur elle tous ses pardons et toutes ses bénédictions, de la pécheresse il fait une sainte ; et, réhabilitée de la sorte, la femme apparaît sous un jour nouveau, vengée des injustices et des outrages même que les siècles avaient accumulés contre elle.

Les Francs recueillent ce droit de protection de la jeune fille comme un pieux héritage qui va devenir un des plus précieux apanages de la civilisation moderne dont ils vont jeter les bases. Au milieu de la pureté de leurs mœurs, la jeune vierge revêt aussi à leurs yeux toutes les formes les plus poétiques. Toutes ces pré rogatives qui, pendant des siècles, semblent spécialement réservées à la virginité, la femme, doucement, avec cette délicatesse qui lui est propre, sait, dans toutes les positions, s'en assurer la possession : c'est alors qu'elle prend dans notre société naissante le rang dont toutes ses vertus et tous ses dévouements la rendent digne à tous égards, son époux la respecte et la fait respecter.

Le paganisme respecte la vierge; le christianisme l'honore et la divinise; d'où cet empire que la femme finit par prendre sur nos ancêtres, dont elle devient le bon et sympathique génie. Chaste, honnête, vertueuse, pudique, possédant dans son cœur une source intarissable de trésors, elle reconquiert, dans ce paradis perdu qu'on appelle le monde, la place à laquelle elle a droit; l'homme la considère avec orgueil, elle devient son espoir et sa force.

Dans sa reconnaissance, et comme pour diviniser son triomphe, elle place au front de nos rois le signe de la rédemption, dans son cœur elle en gardera la foi.

De ce moment la grande France est fondée, et la femme la première y sourit à la liberté sainte, ce soleil qu'elle entrevoit déjà à travers la nuit des siècles.

Plus elle s'élève, plus les lois qui la protégent délimitent à son endroit les bornes du respect qu'elle impose : vierge ou femme, son prestige ne peut plus tomber, il suivra l'idée dans son vol audacieux, et dans toutes les grandes conceptions du génie humain, dont elle est devenue le flambeau, son influence se fera constamment sentir.

Dans cet exposé rapide, nous avons suivi la femme à travers les trois époques les plus caractéristiques de la grande évolution sociale, et son histoire peut se résumer ainsi :

Durant la première époque, que nous pouvons appeler époque d'expiation, l'existence de la femme se traîne triste et misérable ; pour elle comme pour l'homme, tout paraît incertain, cependant ce dernier est le maître, et la femme est son esclave ; fille d'Ève, vouée au mépris de celui dont elle a provoqué la chute, elle expie dans cet asservissement, sous le joug de son complice, cette grosse faute de la séduction, origine de tous nos maux. Mais, chose digne de remarque, la vierge échappe à cet état de proscription sociale auquel la femme est condamnée, elle est protégée et respectée. Ce sentiment consacre pour l'avenir les droits et les priviléges de la femme, ce qui peut être considéré, au milieu de cette primitivité, comme l'aurore de la civilisation.

Pendant la deuxième époque, que j'appellerai époque de transition, la femme s'affranchit peu à peu de l'esclavage auquel elle est soumise ; elle est non-seulement respectée comme vierge, mais encore comme épouse : l'esprit déjà domine la matière, l'humanité est dégagée du chaos, la civilisation a pris son essor victorieux, la femme monte avec elle les degrés séculaires qui la séparent de la troisième époque, que j'appellerai : époque de rédemption.

De ces trois époques celle-ci est assurément la plus considérable du mouvement social. Nous assistons à une transformation pour ainsi dire magique du monde; la femme arrive à son apogée et devient la grande inspiratrice de toutes choses; l'équilibre s'établit; la famille se constitue, et de son unité dans l'État vont naître les grands principes de solidarité qui feront la force et la prospérité nationales; la liberté se substitue au despotisme, la charité à l'égoïsme, la foi à la superstition; le christianisme, en un mot, sur les ruines du vieux monde édifie les merveilles du nouveau.

C'est parvenu au degré puissant de civilisation actuelle, qui semble la réalisation la plus parfaite du rêve humain, que nous réclamons cependant, pour la jeune fille, une loi qui la défende suffisamment contre les dangers de la séduction.

Pour justifier cette légitime revendication, recherchons par quel concours de circonstances le législateur est arrivé à restreindre autant les barrières qui séparent aujourd'hui le séducteur de sa victime, ce que nous ne saurions apprécier sans examiner l'état de la législation ou des coutumes sur la matière, en France, aux différentes époques qui ont précédé la discussion du 26 brumaire an X (17 novembre 1802).

Childebert, dans une de ses constitutions, s'exprimait ainsi : « Qu'aucun de nos grands, après avoir commis un rapt, ne pense nous fléchir; mais qu'il soit poursuivi comme un ennemi de Dieu, quel que soit le bourg où il se trouve, que le juge du lieu assemble des hommes d'armes et le tue; s'il se réfugie dans une église, que l'évêque le livre et qu'on le tue ! »

Plus tard, la loi canonique punit avec rigueur la séduction. Aux termes de cette loi, le séducteur était condamné ou à épouser la fille séduite, ou à lui donner une dot, si le père ne consentait pas à l'accepter pour gendre; et si le coupable ne remplissait pas l'une ou l'autre de ces conditions, il était frappé de verges; il était ensuite excommunié et enfermé dans un monastère pour y subir une peine perpétuelle.

Toutefois, cet usage, qui s'était maintenu dans plusieurs provinces de la France, ne tarda pas à causer de nombreux abus; cette coutume, enfantée par le droit canon, fut abolie par une déclaration du 22 novembre 1730[1].

L'article 497 de la Coutume de Bretagne condamnait *à mort* ceux qui avaient « suborné » des enfants mineurs de vingt-cinq ans, sous prétexte de mariage ou autrement. En conséquence, on punissait non-seulement les individus qui avaient enlevé des mineurs à l'insu de leurs parents, mais encore ceux qui avaient eu un commerce illicite avec une jeune fille;

---

1. Albert Millet, *la Séduction*, p. 8. Paris, A. Cotillon et Cie, éditeurs.

et l'on donnait alors un si grand avantage au sexe faible, que la seule plainte de la fille et la preuve d'une simple fréquentation étaient regardées comme un motif suffisant pour faire condamner l'accusé au dernier supplice! On reculait cependant devant cet excès de rigueur lorsque la fille séduite demandait à épouser son suborneur. Si celui-ci préférait le mariage à la mort — et il devait souvent le préférer! — un commissaire du Parlement le conduisait à l'église les fers aux mains; et là, sans publication de bans, sans le consentement du curé, sans la permission de l'évêque, on procédait au mariage par la seule autorité des juges séculiers[1]. Ce singulier usage fut aboli par la déclaration de 1730, enregistrée au Parlement de Rennes.

Mais il faut se garder de croire que cette déclaration, en abolissant ces anciennes coutumes, permettait à tous les séducteurs de se jouer impunément des femmes! Ce serait là

______

1. Guyot, *Recueil de jurisprudence, Rapt,* p. 151 (édition de 1785). Albert Millet, *la Séduction,* p. 9.

une profonde erreur. Cette ordonnance, — plus rigoureuse que la loi romaine, — atteignait même la fornication : « Les personnes reconnues coupables d'avoir entretenu un *commerce illicite* étaient condamnées, suivant les cas, à diverses peines qui généralement consistaient en aumônes et dommages-intérêts. Mais lorsqu'il s'agissait de la séduction d'une fille ou d'une femme honnête, et lorsque cette séduction était accompagnée d'intrigues frauduleuses, de manœuvres criminelles, le coupable était frappé de peines rigoureuses[1]. »

Lorsque la séduction était aggravée par certaines circonstances, lorsqu'elle était suivie d'enlèvement par exemple, elle pouvait entraîner la peine capitale. Ce crime, dans l'ancien droit, s'appelait *rapt de séduction*. La déclaration de 1730, — d'accord en cela avec l'ordonnance de Blois, — punissait très-sévèrement le rapt de séduction. Ce crime consistait dans le fait d'avoir séduit et suborné par *arti-*

---

1. Mayard de Vouglas, *Lois criminelles*, p. 212. Fournel, p. 361. Albert Millet, *la Séduction*, p. 10.

fices, intrigues ou mauvaises voies, des filles, ou même des veuves mineures de vingt-cinq ans, pour parvenir à un mariage, *à l'insu ou sans le consentement des père, mère ou tuteurs.*

Le rapt de séduction était, on le voit, un attentat à l'autorité des parents, attentat dont le but principal était de contracter avec un enfant de famille un mariage avantageux, contre le gré ou à l'insu de ses père et mère. Ce crime avait donc pour mobile l'ambition ou la cupidité, plutôt que la passion ou la volupté. Aussi bien, quel que fût le coupable, l'attentat contre l'autorité paternelle aggravait singulièrement la séduction.

Rigoureusement, le séducteur ne pouvait échapper à la peine de mort. Mais les juges commençaient à avoir le sentiment des « circonstances atténuantes, » car la chronique judiciaire nous apprend que la peine capitale était appliquée seulement lorsque le ravisseur avait eu recours à des moyens « abominables. »

Quand la force brutale avait été employée par le ravisseur, les juges étaient inexorables ;

le *rapt de violence* était toujours puni du dernier supplice.

D'autres circonstances pouvaient donner à la séduction un caractère de gravité exceptionnelle ; lorsque le coupable avait quelque autorité sur la fille séduite, lorsqu'il était son tuteur, par exemple, son précepteur ou son maître, il pouvait être puni de mort.

En voici un exemple :

Un professeur, Louis La Bruyère de Maillac, convaincu de séduction « en la personne d'une fille mineure, » son écolière, fut condamné à mort par arrêt du Parlement de Paris, du 20 avril 1748. L'arrêt fut exécuté : le coupable fut pendu et étranglé[1].

Outre ces usages, l'ancien droit coutumier autorisait de la façon la plus complète *la recherche de la paternité;* les victimes de la séduction avaient avec lui toutes sortes d'armes bien faites pour épouvanter les séducteurs les plus téméraires. En effet, la fille séduite pouvait intenter à son séducteur une action

____

1. Albert Millet, *De la Séduction,* p. 11 et 12.

criminelle dite *plainte en gravidation ;* si la séduction avait porté des fruits, elle pouvait,
outre l'action criminelle, intenter une action
civile, et se faire allouer non-seulement le
remboursement des frais de l'accouchement ou
de *gésine,* mais encore une indemnité pour
l'aider à subvenir aux besoins de l'enfant. Enfin, la déclaration d'une fille dans les douleurs
de l'accouchement était acceptée comme l'expression indéniable de la vérité, en vertu de
cette maxime : *Creditur virgini parturienti.*

Cette étude rétrospective de la législation sur
la matière nous montre que depuis le commen-
cement du VIe siècle jusque vers la fin du XVIIIe,
sauf quelques modifications, les mêmes cou-
tumes et les mêmes lois furent en vigueur pour
réprimer les désordres de la séduction.

Nos pères, dans leur amour du bien public,
en jetant les bases de la société qui, de siècle
en siècle, était appelée à devenir la grande
France d'aujourd'hui, voulurent mettre la sévérité de la loi d'accord avec la rigidité des
mœurs, seul moyen d'en conserver la pureté.

Leurs passions généreuses étaient empreintes

d'un tel caractère de vertu que, dès le principe, ils comprirent la nécessité de mettre entre elles, et celles qui offensent la morale, une barrière légale si redoutable que nul ne pût être tenté de la franchir sans être aussitôt frappé par le glaive inexorable de leur justice.

Chose digne de remarque, comme s'il avait plus de raison de craindre de cette classe privilégiée, c'est surtout aux grands que Childebert s'adresse, et le rapt lui apparaît un crime tellement odieux et tellement redoutable pour la société, qu'il veut qu'on poursuive comme un ennemi de Dieu celui qui s'en rendra coupable, et que, n'importe où il se réfugiera, il soit tué sans pitié.

Cette législation primitive, considérée dans son ensemble, si barbare qu'elle paraisse, n'en est pas moins pleine d'enseignements et digne de captiver notre attention, surtout en présence de ce que j'appellerai l'indifférence ou la complaisance actuelle de nos lois en matière de séduction.

Les législateurs des premiers siècles avaient déjà ce sentiment délicat et juste qui leur commandait de placer bien haut l'exemple pour qu'il soit vu et observé de plus bas. — Aussi leurs lois fondamentales s'adressent-elles plus particulièrement aux grands, c'est-à-dire à la tête, assurés qu'ils étaient, en les plaçant si haut, qu'il faudrait un cataclysme, qui leur semblait presque impossible, pour en détruire la bienfaisante et salutaire influence.

Ils avaient raison ! Et c'est grâce à ce haut esprit de prévoyance que, pendant de longs siècles, nous voyons la morale se fortifier et grandir sous le patronage respecté de la femme, qui devient le mobile des sentiments les plus nobles et les plus généreux. La chevalerie française, ce type si parfait de la loyauté et de l'honneur, apparaît dans toute sa splendeur magnifique et naïve, comme l'âge de la vertu poussée jusqu'à l'héroïsme.

Il suffit d'un roi de mœurs dissolues pour que peu à peu cette œuvre admirable des siècles soit bientôt compromise. La cour et les grands finissent par se jouer de la vertu des femmes avec autant d'impudeur que leurs devanciers avaient mis de scrupules et de loyauté à la respecter. L'édifice social, attaqué dans sa base, s'effondre insensiblement au milieu du chaos des saturnales d'en haut; l'indignation, le mépris, la haine, le dégoût, arment en bas la révolte; la grande révolution fermente déjà dans les veines du peuple outragé, l'heure terrible des représailles est près de sonner au cadran de la justice de Dieu.

La séduction profite de cet état de licence et de dépravation pour livrer aux bonnes mœurs son assaut redoutable, de tous côtés on entend les plaintes des filles séduites se mêlant aux vagissements des nouveau-nés.

La loi conspuée ne sait plus où frapper au milieu de ce pêle-mêle des passions en rut, et des filles éhontées profitent de ce désordre, au sein duquel l'impudicité est souveraine, pour désigner aux coups de la justice ce qu'il reste d'honnête au milieu de cette corruption.

Dans un discours resté célèbre, l'avocat général Servan s'élève avec énergie contre les dangers de la loi livrée ainsi aux spéculations criminelles de l'impudicité; il demande avec véhémence que la rigoureuse maxime *Creditur virgini parturienti* soit abandonnée, assurant qu'elle tournait plutôt au profit du vice qu'à la protection de la vertu vaincue par les manœuvres de la séduction.

Son réquisitoire eut un succès immense, la dangereuse maxime fut frappée à mort, et la recherche de la paternité elle-même reçut en cette occasion le premier trait qui devait la désigner aux coups du législateur de l'an X.

La révolution contenue éclate enfin ; la liberté inonde la France de sa lumière éblouissante ; tout ce peuple jusque-là docile sous le joug qui l'accable, est pris devant elle d'un délire insensé ; comme un soleil trop rapproché des satellites qui l'entourent, elle enflamme dans ce monde qu'elle attire des passions sans nom ; tout ce que le génie humain peut concevoir de magnifique et de monstrueux se heurte et se mêle, dans l'ivresse qu'elle allume, comme les vagues au milieu d'une tempête infernale ; la France frémissante, meurtrie, ensanglantée, étonne l'univers ; du sein de ce peuple il sort des géants qui s'emparent des foudres de la guerre, et la victoire les accompagne ; des législateurs promulguent des lois sans précédents; tout semble s'anéantir, et cependant tout se relève! — Un état nouveau succède à l'état ancien: les priviléges disparaissent, l'ardeur de l'égalité anime tous les esprits, les droits s'égalisent devant la loi qui-devient la même pour tous; des lois nouvelles remplacent les lois anciennes, quelques-unes empreintes sans doute d'un caractère exagéré, mais bien excusables en ce temps où l'excès du despotisme subi devait infailliblement provoquer l'excès du libéralisme victorieux.

Telles sont, par exemple, la loi du 12 brumaire an II qui assimile, en matière de succession, les enfants naturels aux enfants légitimes.

En échange de l'abandon de la maxime *Creditur virgini parturienti,* il est décidé que « toute fille-mère qui pendant dix ans soutiendra avec le fruit de son travail son enfant illégitime aura droit à une récompense publique. »

Le décret de la Convention nationale du 4 juillet 1793, que j'ai déjà cité, édicte que les enfants trouvés porteront désormais le nom d'« *Enfants de la patrie.* »

Dans toutes ces exagérations, on sent la soif qu'ont ces représentants du peuple le plus généreux de la terre de dépenser, au profit de tous ces déshérités, les libertés dont ils viennent d'assurer la conquête ; le paupérisme les épouvante, ils le considèrent comme le triste héritage du passé ; et, comme si c'était possible, ils voudraient en combler le gouffre, ne plus voir de malheureux autour d'eux ; toutes les misères excitent leur pitié et, pour les soulager, les lois succèdent aux décrets, les décrets aux lois ; il leur semble que le bien qu'ils vont faire, au milieu de ce sauvetage en pleine tourmente, innocentera celle-ci des victimes qu'elle engloutit.

En 1791, M. de Larochefoucault de Liancourt présente à l'Assemblée nationale un plan pour l'extinction de la mendicité, au nom de la Commission dont il fait partie ; le 24 vendémiaire an II (15 octobre 1793) un décret consacre cette proposition.

Le 3 septembre 1791, la constitution française, décrétée par l'Assemblée constituante, édicte : « Il sera créé et organisé un établissement général de secours publics pour élever les enfants abandonnés, soulager les pauvres infirmes, et fournir du travail aux pauvres valides qui n'auraient pu s'en procurer. »

Une loi du 11 septembre 1791 autorise la trésorerie nationale à payer aux hôpitaux les trimestres d'avance pour l'entretien des enfants trouvés dont ils sont chargés.

D'autres lois analogues sont promulguées les 22 janvier 1792, 15 août 1792 (l'an IVᵉ de la liberté).

Le 9 janvier 1793, un décret de la Convention nationale met à la disposition du ministre de l'intérieur 1,500,000 livres pour l'entretien des enfants trouvés.

Le 15 février, un décret analogue met à la disposition du ministre de l'intérieur 1,200,000 livres pour la dépense des hôpitaux des enfants trouvés.

19 mai 1793, décret de la Convention concernant la nouvelle organisation des secours publics.

5 mai 1793, décret de la Convention nationale qui met des fonds à la disposition du mi-

nistre de l'intérieur pour les enfants trouvés et les dépôts de mendicité.

28 juin 1793, loi concernant organisation des secours pour les enfants, les vieillards et les indigents.

4 juillet 1793, le décret précité portant que les enfants trouvés porteront le nom d'enfants naturels de la patrie.

19 août 1793, décret de la Convention nationale qui fixe le taux des indemnités à accorder aux familles ou individus qui sont demeurés chargés d'enfants abandonnés.

DÉCRET DE LA CONVENTION NATIONALE QUI ACCORDE UN SECOURS A LA CITOYENNE BRACONIER.

17 pluviôse an II (5 février 1771).

(Extrait des procès-verbaux de la Convention nationale, tome XXXI, page 32.)

« La Convention nationale, après avoir entendu le rapport de son comité de secours publics sur la pétition de la citoyenne Braconier domiciliée à Libreville, département des Ardennes, qui, étant venue à Paris solliciter la liberté du citoyen Loison, dont elle devait être l'épouse, y est accouchée, le 5 de ce mois, d'un garçon, pour lequel ainsi que pour elle-même elle réclame des secours;

« Considérant qu'il importe à la régénération des mœurs, à la propagation des vertus et à l'intérêt public d'encourager les mères à remplir elles-mêmes le devoir sacré d'allaiter et de soigner leurs enfants; que tous les enfants appartiennent indistinctement à la société, quelles que soient les circonstances de leur naissance; qu'il importe également d'anéantir les préjugés qui faisaient proscrire ou abandonner, au moment même de leur existence, ceux qui n'étaient pas le fruit d'une union légitime; que c'est d'après ces principes que l'article 4 du § 2 du titre Ier de la loi du 28 juillet 1793 a formellement prononcé que « toute « fille-mère qui déclarerait vouloir allaiter elle- « même l'enfant dont elle serait enceinte, et qui « aurait besoin des secours de la nation, aurait « droit de les réclamer; » et que la même loi a

pourvu, soit par des établissements et des secours en nature, soit par des secours annuels,
à tout ce que pouvait exiger, en pareil cas,
l'intérêt de la mère et de l'enfant.

« Décrète que, sur la présentation du présent
décret, la trésorerie nationale payera à la citoyenne Braconier la somme de 150 livres, à
titre de secours provisoires, pour elle et son
enfant.

« Le présent décret ne sera pas imprimé, il
sera seulement inséré au *Bulletin de corres-
pondance.* »

Ce décret peut être considéré comme l'origine des secours temporaires, ce mode d'assistance qui rend aujourd'hui de si précieux services.

7 germinal an II (27 mars 1794), décret de
la Convention nationale, qui accorde 4,600,000
livres pour dépenses relatives aux orphelins des
hospices abandonnés ou allaités par leurs
mères.

(Même observation que pour le précédent.)

26 brumaire an III (16 novembre 1774), loi

qui ordonne de recevoir parmi les enfants de la patrie ceux des habitants de Saint-Domingue et des autres colonies françaises, âgés de moins de quinze ans, qui se trouvent en France, et dont les parents ont souffert des troubles qui ont agité ces colonies.

Il serait trop long d'énumérer toutes les lois et tous les décrets que le régime nouveau consacre au soulagement des misères qui, au milieu de cette période troublée qu'il traverse, s'imposent à sa sollicitude. — J'ai cru devoir citer les plus importants de ces documents pour bien marquer la tendance des idées nouvelles à soulager les fruits de la séduction, plutôt que d'en poursuivre les auteurs.

Certains esprits ont cru devoir attribuer à une soif immodérée de popularité cette fougue qui portait les représentants de la nation à soulager, autant qu'il était en leur pouvoir, les misères du peuple.

Cette opinion est assurément fausse, sinon injuste. L'esprit le plus droit et les sentiments les plus généreux étaient le mobile de tous ces actes, il n'en faut pas douter.

La meilleure preuve qu'on en puisse donner, c'est que, sauf certaines exagérations, conséquence inévitable de l'effervescence qui agitait alors tous les esprits, cette législation a été l'origine du système actuel d'assistance, le meilleur de tous ceux qu'on ait expérimentés jusqu'ici. — Le législateur de cette époque n'a pas, il est vrai, cherché à combattre le mal dans sa cause, nous pouvons croire que le temps et surtout le calme lui ont manqué pour cela; dans tous les cas, le même reproche peut aussi bien être adressé à la réaction qui, pendant près d'un siècle, a laissé la séduction poursuivre ses ravages, sans s'inquiéter si elle était la cause déterminante des désordres et des maux que nous nous efforçons de combattre aujourd'hui.

Ne doit-on pas s'étonner que Bonaparte lui-même, qui voulait concilier ce qu'il y avait de vrai, de bon dans la révolution, avec ce qu'il y avait d'utile, de nécessaire à tous les temps dans l'ancienne monarchie, n'ait pas compris tout le danger qu'il pouvait y avoir à désarmer devant la séduction?

Les mœurs dissolues qui marquèrent l'agonie

de la monarchie absolue, aussi bien que l'excès du libéralisme dont furent empreints tous les actes du régime qui lui succéda, exercèrent évidemment sur l'esprit du législateur de l'an X une influence fatale. — Le réquisitoire du procureur général Servan, dont le retentissement avait été si considérable, n'était pas oublié. Aussi, est-ce à peine si l'ancien droit coutumier trouve devant ses juges le bénéfice des circonstances atténuantes.

C'est dans la séance du 26 brumaire an X (17 novembre 1802) que la question fut portée devant le Conseil d'État. Le premier Consul assistait à la séance ; il prit même part à la discussion de concert avec Cambacérès, Malleville, Defermon, Tronchet, Boulay. — Defermon seul, s'inspirant de l'ancienne législation, objecta qu'il serait juste d'accorder une allocation de dommages-intérêts à la femme et à l'enfant délaissés ; tous les autres membres, d'un unanime accord, proposèrent d'interdire la recherche de la paternité ; il ne fut fait d'exception que pour le cas d'enlèvement ; quelques membres cependant proposèrent de comprendre dans cette exception le cas de viol. Le premier Consul s'y opposa impérieusement. « La loi doit punir, dit-il, l'individu qui s'est rendu coupable de viol, mais elle ne doit pas aller plus loin. — La société, ajoute-t-il encore, n'a pas intérêt à ce que les bâtards soient reconnus [1]. »

Personne n'osa répliquer, Cambacérès lui-même, ce rapporteur si libéral de la loi du 12 brumaire an II, celui-là même qui dans la rédaction du Code civil sut si bien mettre à profit les travaux des grands jurisconsultes des siècles précédents, garda le plus profond et le plus servile silence. L'ancien droit coutumier, en matière de séduction, avait vécu, le § 1ᵉʳ de l'article 340 du Code civil, dans sa froide concision, le remplaçait : « *La recherche de la paternité est interdite.* » Le § 2 devait seul rappeler le souvenir de l'ancienne législation, grâce à l'innocuité ou plutôt à la rareté du cas qu'il consacrait.

Cette législation nouvelle, si complet que puisse paraître le monument auquel elle se

____

1. Procès-verbaux du Conseil d'État.

rattache, devait être assurément insuffisante, et je crois qu'il n'est pas audacieux d'avancer qu'elle a ouvert non-seulement la porte aux abus, mais encore qu'elle a favorisé les nombreux crimes dont la société s'éprouvante à si juste titre aujourd'hui.

Certaines lois ont un caractère privilégié d'immutabilité relative qui est comme la conséquence des immuables principes qu'elles ont mission de protéger. On peut, suivant les temps, en augmenter ou en adoucir la rigueur, mais les détruire, jamais !

Agir de la sorte, ce n'était même pas capituler, c'était raser la citadelle et livrer la place à l'envahisseur.

La vertu et l'innocence des jeunes filles méritent d'autant plus de protection, qu'en dehors de leur ennemi le plus redoutable, « *la séduction,* » elles portent en elles-mêmes deux complices de celui-ci : « *l'ignorance et la faiblesse;* » si nous y ajoutons la perfide influence de ces ennemis intimes qui habitent en nous : « *les passions !* » nous aurons devant les yeux la navrante évidence de notre imprévoyance à ne pas mieux protéger tant de fragilité et de faiblesse, alors surtout que la vie sociale y est si fortement intéressée.

En proscrivant la recherche de la paternité, le législateur de la dernière heure a fait tomber le rempart légal qui défendait la jeune vierge contre les audaces et les perfidies des séducteurs. Nous pouvons dire qu'à dater de ce moment la coalition du vice contre la vertu a été décrétée.

Nous venons de constater l'inertie de la loi civile en matière de séduction.

Il importe de rechercher si la loi pénale va combler cette lacune et nous donner les garanties que réclame une si grave question.

Un avocat très-distingué, publiciste éminent, M. Albert Millet, dans un remarquable ouvrage ayant pour titre : « *De la Séduction* » a traité cette question de main de maître. — Du commencement jusqu'à la fin, ce livre est empreint d'un accent de vérité qui ne se dément pas. Aussi, ne puis-je résister à la tentation de citer ici une partie de son commentaire si brillant et si savant de la loi pénale. — Dans cette voie difficile et périlleuse même, où mes forces au-

raient pu me trahir, il me vient très-heureuse-
ment en aide ; défenseur de la même cause,
j'ai compris que je pouvais sans crainte m'appuyer sur son bras robuste pour continuer ma
route ; qu'il me permette de lui en témoigner
toute ma gratitude.

Notre législation actuelle, relativement au
viol et aux attentats à la pudeur, peut se résumer ainsi :

Le viol commis sur un adulte est puni des
travaux forcés à temps. — Si le crime a été
commis sur la personne d'un enfant au-déssous
de *quinze ans* accomplis, le coupable doit subir
le maximum de la peine des travaux forcés à
temps, — vingt ans. (Art. 332, C. pénal, § 1er.)

Quiconque se rend coupable d'un *attentat à
la pudeur*, consommé ou tenté *avec violence*
sur des adultes de l'un ou de l'autre sexe, est
puni de la réclusion. — Si le crime est commis sur la personne d'un enfant au-dessous de
quinze ans, le coupable subit la peine des travaux forcés à temps. (Art. 332, C. pénal, § 2.)

Tout *attentat à la pudeur* consommé ou tenté

sans violence n'est un crime, aux yeux de la loi, que si cet attentat est commis sur un enfant de l'un ou de l'autre sexe âgé de moins de treize ans. Ce crime est puni de la réclusion. (Art. 331, C. pénal, § 1er.)

Est puni de la même peine l'attentat à la pudeur commis par un ascendant sur la personne d'un mineur, même âgé de plus de treize ans, mais non émancipé par le mariage. (Art. 331, C, pénal, § 2.)

Du reste, si le viol et les attentats à la pudeur, avec ou sans violence, sont commis par des personnes ayant quelque autorité sur la victime, le crime s'aggrave et les peines sont alors beaucoup plus élevées ; c'est ce qui résulte de l'art. 333, modifié par la loi du 13 mai 1863 : Si les coupables sont les ascendants de la personne sur laquelle a été commis l'attentat, s'ils sont de la classe qui a autorité sur elle, s'ils sont ses instituteurs ou ses serviteurs à gages, ou serviteurs à gages des personnes ci-dessus désignées, s'ils sont fonctionnaires ou ministres d'un culte, ou si le coupable, quel qu'il soit, a été aidé dans son crime par une ou plusieurs personnes, la peine sera celle des travaux forcés à temps, dans le cas prévu par le paragraphe 1er de l'article 331, et des travaux forcés à perpétuité, dans les cas prévus par l'art. 332.

Le législateur de 1810 s'est montré justement sévère en réprimant *l'enlèvement de mineurs*.

« Après avoir entouré l'enfant de mesures tutélaires et conservatrices, le projet de loi, — disait le rapporteur — accorde aux mineurs une protection spéciale ; il prévoit leur enlèvement du lieu où ils auraient été placés par les personnes à l'autorité ou à la direction desquelles ils étaient soumis et confiés ; il embrasse dans sa généralité les mineurs des deux sexes, et punit de la réclusion quiconque les aura détournés, entraînés ou déplacés, par violence ou par fraude, et par conséquent à l'aide de menaces, de philtres, de liqueurs enivrantes ou de tout autre moyen qui les aurait privés de l'usage de leur volonté.

« Cet enlèvement peut être plus coupable dans ses motifs, plus dangereux dans ses conséquences, envers le sexe le plus faible ; aussi

est-il puni d'une peine beaucoup plus forte s'il
a pour objet une fille âgée de moins de seize
ans. Peu importe même, dans cette circons-
tance, que le ravisseur ait employé la violence,
le dol, la fraude ou seulement *la séduction !* Il
est indifférent qu'il ait entraîné de force la victime loin de son asile, ou que celle-ci l'ait suivi
sans contrainte. — Le consentement donné par
une fille au-dessous de seize ans n'a aucune influence sur la nature de la peine ; il est censé
arraché à la timidité de ce sexe, ou être l'effet
des illusions et des prestiges dont il est facile
d'entourer l'inexpérience et la crédulité de cet
âge, et le coupable est puni des travaux forcés
à temps, s'il est majeur. — S'il est mineur, et
qu'il ait atteint sa seizième année, il ne peut
invoquer le défaut absolu de discernement ;
mais la loi suppose qu'entraîné, aveuglé par le
délire d'une première passion, il n'a pu embrasser toutes les conséquences et calculer tous
les résultats de sa téméraire entreprise. Il
échappera au travaux forcés et à la flétrissure
qui accompagne cette peine ; cependant il a
troublé la paix de la famille, il a violé le sanc-

tuaire domestique, il doit être puni correction-
nellement.

« Si le ravisseur épouse la personne enlevée,
si celle-ci ne se plaint pas, si les ayants-droit à
demander la nullité du mariage se taisent, la
loi ne saurait se montrer plus sévère; elle se
laisse fléchir, et l'offense qui lui avait été faite
est censée remise quand cette offense a reçu
ainsi la meilleure des réparations dont elle est
susceptible.

« Vous remarquerez, messieurs, — continue
le rapporteur, — le silence du projet sur un
genre de crime que les Romains avaient assimilé
au rapt de violence, que nos ordonnances signa-
laient sous le nom de rapt de séduction et pu-
nissaient de peines très-sévères. L'Assemblée
constituante, dont on se plaît à invoquer l'importante autorité, avait effacé de la liste des
crimes l'enlèvement, effet de la séduction; elle
ne punissait que l'enlèvement d'une fille âgée
de moins de quatorze ans, — encore fallait-il
qu'il fût commis avec violence, et pour abuser
de la personne enlevée ou la prostituer.

« Le projet qui vous est soumis place le

crime dans le seul fait matériel de l'enlèvement; il recule de deux ans l'époque à laquelle
les personnes du sexe sont mises sous la sauvegarde de la loi; il atteint enfin non-seulement
le ravisseur qui usera de violence, mais celui
qui aura employé le dol et la fraude[1]. »

Le projet de loi fut adopté, et voici, sur ce
point, les articles du code de 1810, qui sont
encore en vigueur aujourd'hui :

« Art. 354. — Quiconque aura, par fraude
ou violence, enlevé ou fait enlever des mineurs,
ou les aura entraînés, détournés ou déplacés,
ou les aura fait entraîner, détourner ou dépla-
cer des lieux où ils étaient mis par ceux à l'autorité ou à la décision desquels ils étaient soumis ou confiés, subira la peine de la réclusion.

« Art. 355. — Si la personne ainsi enlevée
ou détournée est une fille au-dessous de seize
ans accomplis, la peine sera celle des travaux
forcés à temps.

« Art. 356. — Quand la fille au-dessous de
seize ans aurait consenti à son enlèvement ou

---

1. Rapport de M. Monseignat. — Locré, tome XXX, p. 527.
Albert Millet, *De la Séduction*, p. 23.

suivi volontairement le ravisseur, si celui-ci était majeur de vingt et un ans ou au-dessus, il sera condamné aux travaux forcés à temps. — Si le ravisseur n'avait pas encore vingt et un ans, il sera puni d'un emprisonnement de deux à cinq ans. »

Au sujet de ces articles, il y a lieu de faire une observation importante :

« L'enlèvement des mineurs, de l'un ou l'autre sexe, doit donc, pour être punissable, être accompagné de *fraude* ou de *violence*. C'est là un élément essentiel du crime. Cependant le sexe faible a besoin d'une protection plus étendue : aussi, quand il s'agit d'une jeune fille de moins de seize ans, l'enlèvement seul est un crime, indépendamment de la fraude et de la violence; car, lors même que la jeune fille aurait consenti à suivre son ravisseur, le crime existe. « Ce que la loi a prévu et voulu punir, « c'est la corruption pratiquée sur la volonté « même de la mineure; c'est l'influence *séduc-* « *trice* à laquelle elle obéit[1]. » — Il en résulte

______

[1]. Faustin Hélie, *Théorie du code pénal*, tome IV, p 159.

indirectement que la séduction d'une fille au-dessous de seize ans est un crime, lorsque cette séduction est suivie d'enlèvement.

Mais le Code pénal n'accorde sa protection qu'aux jeunes filles âgées de moins de seize ans. Si donc un audacieux séducteur *enlevait*, sans fraude ni violence, une jeune fille de dix-sept ou dix-huit ans, il échapperait à la loi pénale! Il n'y aurait ni crime ni délit!

Voilà, certes, une conséquence bien digne d'attention!

Le législateur de 1810 ne s'est pas occupé seulement de l'enlèvement des mineurs, crime fort grave mais heureusement fort rare; il s'est occupé aussi de la corruption des mineurs, de l'*excitation à la débauche*, délit beaucoup plus fréquent.

Voici comment s'explique le Code pénal à cet égard :

« Art. 334. — Quiconque aura attenté aux mœurs en excitant, favorisant ou facilitant *habituellement* la débauche ou la corruption de la jeunesse, de l'un ou de l'autre sexe, au-dessous de l'âge de vingt et un ans, sera puni d'un emprisonnement de six mois à deux ans, et d'une amende de cinquante francs à cinq cents francs. — Si la prostitution ou la corruption a été excitée, favorisée ou facilitée par leurs pères, mères, tuteurs ou autres personnes chargées de leur surveillance, la peine sera de deux ans à cinq ans d'emprisonnement, et de trois cents francs à mille francs d'amende

« Art. 335. — Les coupables du délit mentionné au précédent article seront interdits de toute tutelle ou curatelle et de toute participation aux conseils de famille, savoir : les individus auxquels s'applique le premier paragraphe de cet article pendant deux ans au moins et cinq ans au plus. — Si le délit a été commis par le père ou la mère, le coupable sera, de plus, privé des droits et avantages à lui accordés sur la personne et les biens de l'enfant par le Code civil. — Dans tous les cas, les coupables pourront, de plus, être mis, par l'arrêt ou le jugement, sous la surveillance de la haute police, en observant pour la durée de la surveillance ce qui vient d'être établi pour la durée de l'interdiction mentionnée au présent article. »

Il est à remarquer que la loi, en punissant les personnes qui excitent les mineurs à la débauche, a eu seulement en vue le proxénète qui favorise la prostitution des filles mineures, c'est-à-dire l'entremetteur qui a *l'habitude* de corrompre la jeunesse *dans l'intérêt d'autrui.*

On s'est demandé, quelque temps après la promulgation du Code pénal, si l'article 334 s'appliquait aussi aux individus qui excitent habituellement des mineurs à la débauche, pour satisfaire leurs passions personnelles, et non les passions d'autrui. Plusieurs arrêts ont paru admettre l'affirmative; mais, depuis nombre d'années, la Cour de cassation a tranché la question, et aujourd'hui il est reconnu, par une jurisprudence constante, que l'article 334 atteint uniquement le proxénète qui excite, favorise et facilite habituellement la débauche, dans l'intérêt des passions d'autrui.

Tel est bien le sens de cet article : la loi de 1791 n'avait prévu et puni que le proxénétisme; la loi de 1810 a fait de même. Du reste, les auteurs du Code pénal ont très-clairement exprimé leur pensée à cet égard :

« En nous occupant des attentats aux mœurs, disait le rapporteur, comment ne pas signaler ces êtres qui ne vivent que par la débauche, qui, rebut des deux sexes, se font un état de leur rapprochement mercenaire, et *spéculent* sur l'âge, l'inexpérience et la misère pour colporter le vice et alimenter la corruption?... Des législateurs ne les ont punis que du mépris public ; mais que peut le mépris sur des âmes aussi avilies? Punit-on par l'infamie des personnes qui en font leur élément ? C'est par des châtiments, c'est par un emprisonnement et une amende que le projet de loi a cherché à atteindre ces artisans habituels de la prostitution. »

Passant à la disposition du deuxième paragraphe de l'article 334, le rapporteur ajoutait :

« Si l'on pouvait calculer les degrés de bassesse dans un *métier* aussi bas, ceux-là sans doute seraient les plus misérables, qui serviraient ou exciteraient même la corruption des personnes placées sous leur surveillance ou leur tutelle, et notamment les pères et les mères, s'il était possible qu'il s'en trouvât, qui, abusant du dépôt précieux que la nature et la loi leur ont confié, *spéculeraient* sur l'innocence qu'ils sont chargés de protéger, échangeraient contre l'or la vertu de leurs enfants et se rendraient coupables d'un infanticide moral. »

En présence de termes aussi précis, il ne saurait y avoir de doute sur le sens et la portée de la loi pénale.

Le législateur n'a pas confondu, dans la même disposition, deux faits très-distincts en somme : le fait de l'homme qui, entraîné par l'ardeur du libertinage, séduit ou corrompt une fille mineure, et le fait du misérable proxénète qui, froidement, sans passion, jette des mineures dans le bourbier de la prostitution et livre, à prix d'or, de la pâture aux débauchés !

L'article 334 vise et frappe l'entremetteur, — et l'entremetteur seulement ; il n'atteint pas du même coup le séducteur qui corrompt, directement, des jeunes filles mineures, pour satisfaire son libertinage et assouvir « ses passions personnelles !

La loi punit-elle, du moins, dans un autre article, l'individu qui *séduit*, trompe et déshonore une jeune fille? Non. Le Code pénal est muet sur ce chapitre et tolère, par son silence, toutes les séductions; il tolère même, nous l'avons vu, la séduction suivie d'enlèvement, si la jeune fille séduite a dépassé sa seizième année et a été enlevée sans fraude ni violence!...

La Commission du Corps législatif, étonnée, on peut le dire, de cette impunité, avait proposé un paragraphe additionnel ainsi conçu : « Si la fille âgée de seize ans et de moins de vingt et un ans a consenti à son enlèvement ou suivi volontairement le ravisseur, celui-ci sera condamné à deux ans d'emprisonnement au moins et cinq ans au plus. » La Commission expliquait ainsi cet enlèvement : « Le motif de l'addition proposée est que si l'on punit des travaux forcés à temps le ravisseur d'une fille au-dessous de seize ans, lorsque ce ravisseur est majeur, on n'a pas eu l'intention de laisser impuni celui qui, étant également majeur, enlèverait une fille de dix-sept à vingt et un ans!... C'est précisément à cette époque de la vie des filles que les enlèvements doivent naturellement être plus communs, et l'on est souvent

dans le cas de remarquer qu'une fille de seize
ans et demi et au delà est fréquemment expo-
sée à la *séduction* et aux passions des hommes. »

Cet amendement, fort sage, fort rationnel,
fut rejeté par le Conseil d'État[1].

« Le rapporteur expliquait ainsi ce rejet au
Corps législatif : « Le nouveau Code n'étend
pas plus loin ces importantes additions ; ses
rédacteurs ont cru pouvoir *abandonner*, après
seize ans, les jeunes personnes à la vigilance de
leurs parents, à la garde de la religion, aux
principes de l'honneur, à la censure de l'opinion. Ils ont pensé qu'après seize ans la *séduction*, que la nature n'avait pas mise au rang des
crimes, ne pouvait y être placée par la société. Il
est si difficile, à cette époque de la vie, vu la pré-
cocité du sexe et son excessive sensibilité, de
démêler l'effet de la séduction de l'abandon
volontaire! Quand les atteintes portées au cœur
peuvent être réciproques, comment distinguer
le trait qui l'a blessé? Et comment reconnaître
l'agresseur dans un combat où le vainqueur

----

1. Séance du 18 janvier 1810.

et le vaincu sont moins ennemis que complices? »

Après ce commentaire, aussi lucide que savant, de la loi pénale, M. Albert Millet conclut
en disant :

« Voilà pourquoi, en France, la séduction
n'est pas punie ! »

Pendant que nous y sommes, suivons-le jusqu'au bout de cette étude spéciale, qu'il a
traitée non-seulement en jurisconsulte érudit,
mais encore en homme de cœur; sa pensée
chaude et juste, honnête et convaincue, analyse
la question avec une concision qui frappe et
qui s'impose : on sent qu'en maître il peint la
vérité !

« En résumé, dit-il, la loi française se montre
justement sévère contre l'homme qui commet
un viol, un attentat à la pudeur ou un enlèvement; elle envoie ce criminel aux travaux forcés
ou tout au moins dans une maison centrale, —
tandis qu'elle ne punit pas, même d'une peine
correctionnelle, même d'une simple amende,
l'homme qui corrompt ou séduit une jeune fille
pour satisfaire sa lubricité ! »

« Ainsi, un satyre éhonté rencontre une jeune fille de quatorze ou quinze ans, la guette comme sa proie, la suit, l'aborde, lui tient des propos immondes, lui fait de honteuses promesses, et se livre — sans violence — à des actes impudiques sur cette chaste enfant ; il en a la liberté ! Il n'est pas coupable, de par le Code pénal, et il n'est pas puni !

« Y a-t-il un outrage public à la pudeur ? Non. Cet homme prudent a eu soin d'être lubrique à huis-clos ! C'est, du reste, une précaution élémentaire.

« Y a-t-il un attentat à la pudeur ? Non. L'enfant avait plus de treize ans, — treize ans et demi peut-être. Qu'importe ! La loi dit seulement : Tout attentat à la pudeur consommé ou tenté sans violence sur la personne d'un enfant âgé de *moins de treize ans* sera puni de réclusion.

« Y a-t-il enlèvement de mineur ? Non encore ! Il ne s'agit pas là d'un hardi ravisseur qui, par fraude ou violence, a enlevé une jeune fille à ses parents.

« Y a-t-il au moins *détournement* d'une fille

mineure? Pas davantage! Le crime d'enlèvement ou de détournement de mineure n'existe que lorsque la jeune fille a été enlevée de la maison des personnes sous la puissance desquelles elle se trouvait, ou bien de la maison où ces personnes l'avaient placée. — Par suite, le crime de détournement ne résulte pas du fait de celui qui, rencontrant, par exemple, une fille mineure sur une promenade publique, où elle attend son père, l'entraîne, sous un faux prétexte, dans une maison voisine, pour en abuser[1]. — Par suite encore, on ne saurait voir un tel crime dans le fait de celui qui, rencontrant une fille mineure sur une place publique, la détermine, par des promesses trompeuses, à venir chez lui, et, après avoir abusé d'elle, la laisse sortir librement[2].

« Du reste, un libertin n'a pas besoin d'enlever une jeune fille pour entreprendre impunément une infâme séduction. Un Lovelace peut commettre cet attentat sous le toit paternel, — ce

___

1. Montpellier, 10 février 1816.
2. Bastia, 5 juillet 1856.

qui semble plus odieux encore! Si la vierge a *plus de treize ans*, et si le séducteur n'est pas brutal, il n'est pas responsable devant la justice! »

« Le séducteur est-il un domestique? N'importe! Il peut impunément corrompre l'enfant de la maison!

« Le séducteur a-t-il quelque autorité sur la jeune fille? Est-ce un tuteur? un patron? un instituteur? un ministre du culte? Il n'y a ni crime, ni délit!

« — C'est incroyable! dites-vous.

« — Oui, le fait est surprenant, mais il en est ainsi.

« En effet, l'article 331 du Code pénal, relatif aux attentats à la pudeur sans violence, punit exceptionnellement (dans le deuxième paragraphe) ce crime lorsqu'il est commis sur un enfant *mineur* par son ascendant; mais il s'agit alors d'un attentat incestueux consommé par le père ou l'aïeul! Quant aux autres personnes qui ont autorité sur la victime, — instituteurs, serviteurs à gage, fonctionnaires, ministres du culte, — l'article 333 le punit plus sévèrement, à raison de leur qualité, c'est vrai, mais seulement quand il s'agit du *viol*, de *l'attentat à la pudeur avec violence*, et de *l'attentat sans violence* commis sur des enfants de moins de treize ans.

« Si donc il s'agit, comme dans notre hypothèse, d'une jeune fille de quatorze ou quinze ans, et d'un attentat sans violence, un maître, un patron, un domestique peut impunément souiller cette enfant, et un professeur peut, sans redouter le Code, apprendre la débauche à son élève !

« — Mais dites-vous encore, il y a du moins dans ce fait ignoble un délit de *corruption de mineur*, *d'excitation à la débauche ?*

« — Eh bien, non ! L'article 334 du Code pénal ne s'applique pas, nous l'avons vu, aux individus qui se livrent à des faits habituels de corruption ou de débauche envers des mineurs pour satisfaire leurs « propres passions ! »

« Cela a été maintes fois décidé par la jurisprudence[1]. Et c'est en vertu de ce grand prin-

---

1. Cassation, 12 mai 1848, 28 juillet 1848. Paris, 5 juin 1849. Cassation, 20 septembre 1850, 21 mars 1853, 19 août 1853, 27 avril 1851, 1er mai 1854, etc., etc.

cipe juridique qu'il a été jugé : que l'article 334 est inapplicable, soit à l'*instituteur* primaire qui se livre à des actes personnels d'immoralité sur la personne de ses élèves (Cassation, 19 juillet 1845), soit au *directeur* d'un établissement charitable qui, par des discours obscènes ou lascifs, par des gestes, des attitudes ou des démonstrations matérielles, a initié aux idées et aux usages du vice des jeunes filles mineures *confiées à sa surveillance*, s'il n'a agi qu'en vertu de sa « propre satisfaction », *et en ayant soin de les isoler les unes des autres* (Cassation, 15 mars 1860).

« Ainsi, voilà qui est bien établi : aujourd'hui, en France, un tuteur, un patron, un instituteur, et *à fortiori* le premier homme venu, peut, sans encourir la moindre peine, la moindre amende, débaucher une jeune fille mineure, s'il a la délicatesse de satisfaire, tranquillement, sans violence, ses appétits personnels !

« Quant à la *séduction* proprement dite, à la séduction d'une jeune fille honnête, abusée par de fallacieuses promesses, qu'un Don Juan abandonne après l'avoir déshonorée, il n'en est pas question ! Sur ce point, pas un mot ! Le

Code, ici, a des scrupules, et il se tait. Il laisse impunément commettre cet abus de la violence morale!

« S'agit-il d'une jeune fille de seize ou dix-sept ans, enlevée, sans fraude ni violence, par son séducteur? Le Code ferme les yeux, dit aux gendarmes : « Laissez faire! laissez passer! » et les gardiens de l'ordre public laissent passer le ravisseur : la loi ne punit ni cette *séduction*, ni même cet *enlèvement*.

« Peut-être, direz-vous, qu'une jeune fille de seize ou dix-sept ans est précisément à l'âge qui a besoin d'appui; qu'à ce moment, au printemps de la vie, l'imagination s'éveille, la passion éclôt, et que l'inexpérience d'une enfant, l'innocence d'une vierge, méritent aide et protection?

« Peut-être direz-vous que cette jeune fille est sans défense, et que sa beauté qui s'épanouit, sa pureté, sa pudeur, sa virginité même excitent les désirs des séducteurs et l'entourent de dangers?

« Le législateur vous répondra qu'il faut assurément écarter ces périls et protéger l'hon-

neur des vierges contre les escrocs du libertinage, mais que la loi doit « *abandonner* » les
jeunes personnes à la garde de la religion et à
la censure de l'opinion publique, ce qui revient
presque à dire que le seul moyen de les défendre est de les abandonner!

« Voilà, sur ce point, nos lois pénales! »
Oui, est-ce bien vrai?

Telle est, malgré soi, la question que l'on
se pose devant une analyse aussi subtile que
celle qui précède.

Toutes les sociétés, quelles qu'elles soient,
vivent sous l'empire des lois auxquelles elles
ne sauraient se soustraire. Les unes sont immuables : ce sont les lois divines; les autres
sont soumises aux fluctuations de la condition
sociale, et par conséquent perfectibles : ce
sont les lois humaines. Oser critiquer les premières serait les violer et commettre un sacrilége. Il n'en est pas de même des secondes;
appartenant à l'humanité, elles peuvent être
critiquées par elle, c'est un droit, et souvent
même un devoir. Dans l'exercice de ce droit,
et dans l'accomplissement de ce devoir, le sujet

est trop grave pour qu'on puisse nous accuser de manquer de respect à la majesté de la loi, l'unique souveraine d'un peuple libre, lorsque, emportés par l'amour du bien social, qui que nous soyons, suivant l'esprit qui nous est propre, nous nous permettons d'émettre, à son sujet, une opinion.

On me pardonnera donc la comparaison que je vais faire, elle rend bien l'impression que j'éprouve, et ma plume veut malgré moi la retracer :

La loi me fait assez l'effet, ici, de ces femmes habiles dont la beauté réside tout entière dans l'arrangement ingénieux de la parure, dans les savantes combinaisons des crayons et des fards. Une fois tous ces artifices disparus, la déception est si grande qu'on se refuse de croire à la décrépitude qui leur survit.

M. Albert Millet, par amour de la vérité, vient littéralement de déshabiller ce personnage de la loi pénale. Au lieu de cette femme saine, robuste et nerveuse, aux formes harmonieuses, à la physionomie mélancolique, à la fois douce et sévère, tenant d'une main les balances de la justice, de l'autre son glaive vengeur : voilà qu'il nous montre un corps décharné, couvert de vices et de défauts, n'ayant plus dans ses mains les attributs de sa fonction, épouvantail tout au plus des proxénètes et des libertins violents. Il nous la montre surtout, devant le séducteur, inerte et sans voix; celui-ci peut passer près d'elle sans crainte et sans scrupules; elle ne saurait l'intimider en aucune façon; cette décrépitude, au contraire, lui plaît, elle n'est sur son chemin qu'une ombre, un feu follet, dont il a l'habitude de se jouer, rien que cela!

Ah! pères et mères de famille, qui vous endormez souvent, sans soucis de vos filles, bercés par une trompeuse sécurité; vous surtout qui, sans la connaître, ou croyant la connaître, accordez à la loi une confiance sans bornes, assurés que vous êtes qu'elle a tout prévu; que tous les périls sociaux, surtout ceux qui menacent à un si haut point l'honneur et la paix de la famille, sont énergiquement combattus et conjurés par elle, prenez garde, et retenez bien ceci, une voix plus autorisée que la mienne vient de vous le dire; je vous le répète pour que vous le sachiez mieux : « *Aujourd'hui, en France, un tuteur, un patron, un instituteur, un ministre du culte, et* à fortiori *le premier homme venu,* peut — *sans encourir la moindre peine, la moindre amende,* — *débaucher une jeune fille mineure, s'il a la délicatesse de satisfaire, tranquillement, sans violence, ses appétits personnels !*

« *De la séduction, il n'en est pas question dans le Code ! Il est muet devant elle, et laisse impunément commettre cet abus de la violence morale !* »

C'est odieux, inique, infâme, tout ce qu'il vous plaira de penser pour exprimer votre surprise et votre indignation. Mais il en est ainsi !

Ah ! oui, assurément, on éprouve, en présence de cette situation, plus on l'examine et plus on la creuse, une impression indéfinissable de tristesse et de dégoût. On s'étonne, et l'on se demande comment, au cœur d'une civilisation aussi avancée que la nôtre, il puisse exister dans la loi de telles lacunes. On est tout déconcerté, et je comprends la disposition qu'ont

ains pessimistes à penser que peut-être
ès de civilisation est-il un commencement
écadence.

on, la décadence ne saurait frapper un
ple en plein essor des idées nouvelles. Et,
ui le prouve : c'est qu'aucune difficulté ne
 arrêter notre marche en avant. Cette grave
tion, depuis longtemps déjà, préoccupe les
its les plus élevés; et nous devons espérer
bientôt notre législation se complétera sur
oint à la satisfaction de tous les intérêts.
ertainement, après des désastres comme
 que nous venons de subir, au milieu des
pétitions qui se disputent la patrie, beau-
p d'esprits sont plus accessibles à la crainte
i l'espérance. La civilisation morale blessée
ble avoir laissé marcher devant elle la ci-
ation matérielle, alors que toutes deux de-
ent marcher côte à côte en se donnant la
n. La foi religieuse s'en va, dit-on. C'est
en effet de serviles préoccupations viennent
que jour en corrompre l'essence même et
combattre la féconde influence. La chaire
vérité, du haut de laquelle devraient tomber

des paroles de paix et de conciliation, est trop souvent transformée en tribune, espèce de sacrilége sous l'empire duquel la vérité ne peut que s'égarer, dévorée par les passions politiques qui en dominent la sainteté; autour d'elle, attristées et en deuil : la Foi! l'Espérance! la Charité! éteignent dans le temple leur flambeau divin. La liberté épouvante ceux qui les premiers devraient la soutenir, la protéger, la pondérer, la défendre, au nom du Christ qui nous en a ouvert les horizons sublimes!

Mais ce n'est là heureusement qu'une période de transition, conséquence logique du grand mouvement social qui s'opère, et nous ne devons pas nous étonner. — Le Christ plus que jamais nous apparaît sur son bois sanglant, nous invitant à penser qu'il est mort pour l'affranchissement des hommes. Marchons donc haut les cœurs, car Dieu protége plus que jamais la France! notre noble et chère patrie!

Notre grand poëte national, dans un de ses plus purs chefs-d'œuvre, à propos du livre et du monument, a pu dire : *Ceci tuera cela!* Mais il est impossible qu'on puisse jamais dire ni penser, des deux civilisations dont je viens de parler : *Celle-ci tuera celle-là !*

Ce serait la fin du monde ! Pouvons-nous la craindre quand la liberté se lève, à peine, pour éclairer l'ère pacifique qui commence ? Non ! *Celle-ci vivifiera celle-là !*

Un autre grand poète de notre siècle, un immortel génie aussi, profond penseur comme le précédent, a écrit quelque part : « La civilisation morale ne peut être considérée que comme le but même de la durée des nations ; ceux qui la nient ou qui voudraient entraver sa marche, méconnaissent l'humanité dans son caractère distinctif, le perfectionnement, et outragent le ciel même dans son plus noble ouvrage, l'humanité ! — Quant à la civilisation matérielle, les moralistes la redoutent, les philosophes la dédaignent, les économistes l'exaltent, mais ils sont loin de s'entendre encore sur les moyens d'assurer ses progrès, de régulariser ses écarts, de prévenir ses vicissitudes, et même, il faut le dire, de prouver ses bienfaits[1]. »

---

1. De Lamartine, *Cours de littérature.*

L'opinion de M. de Lamartine ne saurait nous faire redouter la marche ascendante de notre civilisation moderne comme un péril ; dans sa pensée il la considère comme une œuvre naissante encore, étonnante sans doute, capable de troubler certains esprits ; il est encore plus éloigné de nous la montrer comme un signe de décadence à aucun point de vue. — Les progrès qu'elle a faits depuis un siècle nous donnent la mesure de sa vitalité, et l'on sent vraiment que la liberté, cette divine créatrice, est le soleil qui la féconde. — Or, je le répète, elle n'est qu'à son commencement, et Dieu a assigné une longue période de siècles à son œuvre à peine naissante, dans l'immensité de son infini.

Quant à la civilisation morale, personne ne la nie, personne n'est tenté d'en combattre l'heureuse influence, et son caractère supérieur frappe tous les esprits ; évidente comme la lumière du jour, elle est une condition *sine qua non* de vie. — Je le disais il n'y a qu'un instant : c'est une blessée qui n'attend que l'heure propice pour reprendre son essor. Comme la liberté elle est immortelle, car, comme elle aussi, son principe est divin.

Tout s'enchaîne dans l'ordre moral, et je ne crois pas être sorti de mon sujet en montrant l'état présent comme le mieux fait pour satisfaire aux exigences de la grave question qui fait l'objet de cet ouvrage. — Plus que jamais on s'en préoccupe ; elle passionne en ce moment tous les esprits ; et, si un instant la civilisation morale blessée a subi, sous l'empire de nos malheurs, de nos luttes et de nos dissensions, un instant d'arrêt regrettable, n'avons-nous pas le droit de dire que ce qui se passe aujourd'hui est le signe indubitable et certain d'un nouvel essor qu'elle a hâte de reprendre, commencement de cette grande revanche pacifique dont sa sœur puînée vient de donner le signal dans notre merveilleux Paris, sa capitale de prédilection, le cœur et la tête du monde !

Oui, déjà on a répondu à l'appel de M. Legouvé, et des hommes de cœur, au sein de nos deux Parlements, ont compris qu'une loi contre la séduction était nécessaire.

L'honorable M. Bérenger, sénateur, en même temps qu'il déposait d'une main, sur le bureau du Sénat, une proposition de loi sur le rétablissement des tours, de l'autre, il en déposait une seconde réclamant la modification de l'art. 340 du Code civil.

Quant à la réforme de la loi pénale, conséquence de la première, elle viendra à son heure, ce n'est pas douteux. Accordons cette confiance à nos législateurs, qui en sont dignes à tous égards. — Nos consuls ont pris garde : Espérons !

VIII.

De la recherche de la paternité.

Il résulte de tout ce qui précède que la séduction est la cause évidente du plus grand nombre des crimes d'infanticide et d'avortement qui se commettent; elle augmente le nombre des enfants naturels, si bien que, depuis qu'elle n'est plus l'objet des poursuites de la loi, les naissances naturelles ont augmenté

dans des proportions que je vais faire connaître ;
elle encourage le célibat et favorise la prostitution ; elle démoralise la nation et tue le pays :
voilà son œuvre !

Il résulte des statistiques que le nombre des
enfants naturels depuis le commencement du
siècle a augmenté dans les proportions suivantes :

En 1801, on comptait 41,635 naissances
d'enfants naturels :

En 1811	56,533
En 1821	68,247
En 1846	68,868
En 1870	70,415

Et si l'on compare le nombre des naissances
naturelles à celui des naissances *légitimes*, on
arrive aux proportions suivantes :

En 1801, le rapport des naissances naturelles
aux naissances légitimes était de 4,82 p. 100

En 1811	6,41
En 1821	7,54
En 1846	7,74
En 1870	8,06

Aujourd'hui, en France, sur un million de

naissances annuelles, il naît, en moyenne, 75,000 enfants naturels [1].

On ne saurait donc le nier, l'abrogation des lois répressives de la séduction a amené ce résultat ; si nous y ajoutons les autres considérations qui précèdent, nous aurons toute l'étendue et tous les caractères de la lèpre sociale qui nous ronge.

Certains esprits, n'envisageant qu'à la surface les effets de cette gangrène sociale, ont pensé que les tours pourraient apporter un soulagement à cet état. — Je me suis efforcé de démontrer le contraire, m'appuyant sur ce principe, qu'il fallait s'attaquer à la cause et non aux effets. Cet argument me paraît logique, et je persiste à le soutenir.

Pour combattre cette cause il faut nécessairement armer la justice contre la séduction ; sortir de là me semblerait une funeste erreur, qui ne pourrait qu'augmenter la gravité du mal.

La recherche de la paternité me semble donc

---

1. *Statistique de la France,* tome 1er, p. 68. Albert Millet, *De la Séduction,* p. 132.

le premier jalon que doit poser le législateur appelé à cette grande œuvre de réfection sociale; c'est pourquoi je veux m'en préoccuper plus spécialement, négligeant de m'appesantir davantage sur la question de la loi pénale, qui me semble devoir être la conséquence toute naturelle de cette réforme de la loi civile.

La recherche de la paternité! Il suffit qu'un homme, en France, émette cette idée pour que de suite il soit considéré comme un rêveur, couvert de ridicule, bafoué même par les esprits les plus droits, les hommes les plus sages.

« Mais vous n'y pensez pas, s'écrie-t-on; mais c'est de la folie!

« Que deviendrait la société sous l'empire d'une telle législation? Ah! nous en verrions de belles! etc., etc... »

La question est trop grave et demande des connaissances spéciales que je ne possède que trop imparfaitement pour me permettre de répondre à toutes les objections qui sont faites au point de vue légal; ici encore j'appellerai à mon aide M. Albert Millet.

L'auteur de ce livre remarquable: « *la Séduc-*

tion », a étudié la question aux différents points de vue, et de la loi civile et de la loi pénale. — Je ne doute pas que cet important ouvrage ne soit entre les mains, non-seulement de tous ceux qui doivent prendre part à ce grave débat, mais encore de tous ceux qui s'y intéressent.

M. Albert Millet propose d'abord de modifier l'article du Code civil, ayant trait à la recherche de la paternité, de la manière suivante :

« Art. 340. — La recherche de la paternité est interdite, excepté dans les circonstances suivantes :

« 1° Dans le cas D'ENLÈVEMENT, *avec ou sans violence*, lorsque l'époque de l'enlèvement se rapportera à celle de la conception ;

« 2° Dans le cas de VIOL, lorsque l'époque du viol se rapportera également à l'époque de la conception ;

« 3° Dans le cas de SÉDUCTION FRAUDULEUSE d'une fille *mineure*, lorsque la conception de l'enfant coïncidera avec l'époque de la séduction.

« Dans ces trois cas, le coupable *pourra*, sur la demande des parties intéressées, être déclaré le père de l'enfant.—

« 4° Lorsqu'un homme aura eu des relations intimes avec une fille ou une veuve, mineure ou majeure, la recherche de la paternité pourra encore être admise, exceptionnellement, s'il y a un *commencement de preuve par écrit*, émanant du prétendu père, et s'il existe, en faveur de l'enfant naturel, une possession d'état. »

« Tel est le projet de réforme, — ajoute son auteur, — que nous croyons devoir soumettre à l'appréciation de nos concitoyens. Peut-être nous abusons-nous ? Il nous semble cependant que, si le nouvel article 340 figurait dans le Code civil, notre civilisation ferait un nouveau pas vers la justice et le progrès.

« En parlant de l'unique exception admise par l'article 340 en cas *d'enlèvement*, le législateur de 1803 disait :

« On se portera moins facilement à ce genre de crime et on en subira la peine la plus naturelle, *si l'on peut appeler ainsi l'accomplissement des devoirs d'un père.* »

Nous dirons, nous, aux législateurs à venir : Complétez ce qui est incomplet; achevez l'œuvre de vos devanciers; maintenez le principe qu'ils ont édicté jadis, et faites une exception à la règle, non-seulement en cas de rapt, mais en cas de viol et de *séduction*, lorsque le fait de la paternité est entouré de certaines circonstances qui forment des présomptions graves, précises et concordantes.

Aujourd'hui, les séducteurs deviennent de plus en plus nombreux ; ils causent dans la société de véritables ravages. Eh bien ! ils seront moins portés à corrompre les jeunes filles, et, s'ils les corrompent, « ils en subiront la peine la plus *naturelle* », le jour où ils se verront forcés de supporter les charges de l'amour et d'accomplir les devoirs de la paternité !

Je vais maintenant, aussi rapidement que possible, énumérer, avec leurs réponses, les diverses objections qui peuvent être faites à ce projet.

I.

« On prétend que si la loi donne positivement aux filles séduites le droit de réclamer des dommages-intérêts à leurs séducteurs, elles

poseront beaucoup d'hommes honorables, —
s riches particulièrement, — à une foule de
clamations injustes.

« Un éminent professeur de droit, aujour-
hui sénateur, l'honorable M. Bertauld, en
862, après avoir plaidé pour un séducteur et
rdu son procès, s'était élevé contre l'arrêt de
cour de Caen, et avait énergiquement blâmé
rtaines « tendances » de la jurisprudence en
atière de séduction[1]. M. Ancelot, alors avo-
t général à la cour d'appel de Riom, crut
evoir répondre à l'éminent professeur[2]; voici,
substance, la remarquable réponse de ce
aut magistrat :

« Ce ne sont pas des filles « tombées au der-
ier degré d'abjection » qui rencontrent « les
mpathies » de la magistrature française. Les
ges ont trop de sagacité pour ne pas faire une
ifférence entre les spéculations des intrigantes
t les demandes des malheureuses qu'un sé-

1. Voir cet important document : *Revue critique de législation
de jurisprudence*. Tome XXI (1862), p. 1.
2. *Id.*, tome XXI (1862), p. 181. — *La Séduction*, p. 10?
193.

ducteur a plongées dans la détresse ! Ils sauront bien rejeter les unes et accueillir les autres. Nous n'en voulons pour preuve que l'expérience faite tout récemment. Ces dernières années, on s'en souvient, nos tribunaux ont jugé plusieurs « procès de séduction ». Qu'en est-il résulté ? « Les plus chers intérêts de la société » ont-ils été « compromis ? » Non. La « conscience publique » a-t-elle été troublée ? Non. Les riches ont-ils été opprimés ? Pas davantage ! Les tribunaux, se basant sur des preuves péremptoires, et notamment sur des aveux, des lettres, des engagements, ont fait subir à quelques séducteurs la responsabilité de leur faute ; ils ont condamné des coupables à indemniser, dans une certaine mesure, de pauvres filles — paysannes ou ouvrières — qui avaient été lésées, compromises ou déshonorées par le fait de ces suborneurs. C'était justice ! Nous trouvons même que les tribunaux français pourraient se montrer encore plus larges lorsqu'ils accordent ces indemnités. Car enfin, dans notre état social, les hommes ont déjà maints avantages : ils ont, pour travailler,

nombre de moyens que les femmes n'ont pas ;
ils occupent toutes les positions lucratives et
influentes ; ils ont mille manières de s'enrichir
et de se distraire ; et puisque, naturellement,
ils n'ont pas à subir, comme les femmes, toutes
les conséquences physiques ou morales de la
séduction, c'est bien le moins qu'ils en aient la
responsabilité pécuniaire ! C'est bien le moins
qu'eux, les fortunés de ce monde, donnent des
secours efficaces aux pauvres filles qu'ils ont
perdues et aux malheureux enfants qu'ils ont
appelés à la vie !

II

« On nous dit, à un autre point de vue :
mais, si vous admettez la *recherche de la paternité*, vous allez ramener en France tous les anciens abus. Comme au temps de l'avocat général Servan, on verra de jeunes débauchées se
faire un jeu de rejeter le fruit de leurs vices sur
des hommes irréprochables !

« Mais il ne s'agit point de rétablir l'ancienne loi qui admettait en thèse générale la

recherche de la paternité et qui se basait sur cet adage légendaire : *Creditur virgini partu-rienti !*

« L'avocat général Servan avait raison de s'élever contre cette maxime et ses déplorables conséquences ; il eut également raison de s'élever contre la coutume qui admettait, sans restriction, la recherche de la paternité.

« Nous ne demandons certainement pas qu'on en revienne aux procédés de l'ancien régime. — La loi interdirait toujours, en principe, la recherche de la paternité.

« Seulement, l'article 340 du Code civil, au lieu d'admettre, comme aujourd'hui, une *seule* exception au principe, en admettrait plusieurs.

« Dans ces circonstances, et ainsi limitée, la recherche de la paternité ne pourrait donner lieu aux abus révoltants et aux odieuses spéculations du temps jadis.

« En effet, contre qui désormais pourrait-on recourir ? Est-ce contre le *premier homme venu* que l'on daignerait *choisir* ? Non, certes ! Ce serait :

« 1° Contre l'homme qui aurait *enlevé* une

fille et qui verrait naître un enfant neuf mois environ après l'enlèvement! — Serait-ce un homme irréprochable?

« 2° Contre l'homme qui aurait *violé* une femme, et qui verrait naître un enfant neuf mois après ce viol! — Serait-ce un homme irréprochable?

« 3° Contre l'homme qui aurait *séduit frauduleusement* une jeune fille *mineure* et qui verrait naître un enfant neuf mois après les faits de séduction! — Serait-ce un homme irréprochable?

« 4° Contre l'homme qui, dans des billets, dans des lettres écrites à une époque voisine de la conception ou de l'accouchement, se serait considéré comme père de l'enfant et qui aurait traité pendant un certain temps ce nouveau-né comme son enfant naturel! — Serait-ce le premier homme venu?

« Voyons! la main sur la conscience, quand un homme se trouvera dans l'un ou l'autre de ces cas, ne sera-ce pas avec raison, avec justice, que l'enfant *pourra* recourir contre lui et lui demander l'accomplissement naturel des devoirs de la paternité? Est-ce que les gens honorables, les hommes sans tache et sans reproches, ne seront pas à l'abri de tout soupçon, de toute poursuite?

III.

« On insiste et l'on dit que le fait de la paternité est fort incertain, que le doute est toujours permis, et qu'il est impossible d'*obliger* un homme à reconnaître ou à élever un enfant malgré lui.

« Peut-être nous trompons-nous, mais, franchement, il nous semble que dans les deux premiers cas, — *enlèvement* et *viol*, — lorsque la naissance de l'enfant a lieu environ neuf mois après le crime, la présomption légale est tellement forte qu'elle équivaut à la certitude.

« Dans le troisième cas — en cas de *séduction frauduleuse*, — la présomption légale peut paraître moins forte de prime abord; mais réfléchissez, lorsqu'il sera dûment constaté qu'un homme a séduit une jeune fille *mineure* par des moyens délictueux, on pourra être moralement certain que cette jeune fille, à peine adolescente, était honnête au moment de la séduction ; car on n'a pas besoin de *séduire* les filles complaisantes, et jamais, croyons-nous, on n'emploie des manœuvres frauduleuses pour posséder une fille publique ! En conséquence, si un homme séduit frauduleusement une jeune fille honnête, et si un enfant vient au monde neuf mois après, la *présomption* légale sera bien voisine de la certitude ! Et si le séducteur n'a pas de moyens de défense valables (car il aura toujours le droit de se défendre), s'il ne peut établir, par exemple, d'une manière positive, qu'à l'époque de la conception la jeune fille par lui séduite fréquentait d'autres amants, — cet homme *pourra*, ce nous semble, être justement déclaré père de l'enfant et, par suite, être obligé de le secourir.

« Dans le quatrième cas ci-dessus spécifié, la présomption légale sera plus forte encore ! Car, l'homme contre lequel la paternité sera « recherchée » aura, *lui-même*, déclaré qu'il était l'auteur de la grossesse ; il se sera considéré comme le père de l'enfant ; il aura, — soit à l'époque de la conception, soit à l'époque de l'accouchement, — fait cette déclaration dans des lettres, dans des actes sous seing privé; il aura lui-même, dans un billet ou dans tout autre écrit, pris *l'engagement* formel de subvenir à l'entretien et à l'éducation du nouveau-né; ce n'est pas tout encore : cet homme aura déjà donné un *commencement d'exécution* à cet engagement : il aura payé les frais de couches et les mois de nourrice; il aura, pendant deux ou trois ans, traité l'enfant comme sien ! Si, dominé plus tard par l'indifférence, emporté par le tourbillon de la vie, il abandonne celui qu'il a commencé à élever, l'enfant doit, selon nous, avoir la faculté de « rechercher » l'individu qui s'était LUI-MÊME considéré comme un père, et le droit de forcer cet homme à exécuter encore l'obligation naturelle qu'il avait spontanément contractée !

IV.

« Mais, s'écrie-t-on, il n'y a dans tout ceci qu'une présomption, et cette présomption, quoique légale, sera dangereuse, car elle pourra donner lieu à des erreurs, à des abus !

« Mon Dieu ! on peut abuser de tout en ce monde. Les meilleures lois, comme les meilleures choses, peuvent donner *indirectement* naissance à des abus; et assurément, les députés ne voteraient aucune loi, s'ils s'arrêtaient devant la crainte de voir Monsieur X ou Monsieur Z accusé par erreur ! *Errare humanum est.* Le législateur, dans les hautes sphères où il se meut, doit embrasser d'un coup d'œil les intérêts généraux, et ne doit pas s'occuper de quelques méprises individuelles, imputables souvent à la faiblesse humaine. Or, le législateur, agissant au point de vue de l'intérêt public et de la sécurité sociale, a eu maintes fois l'occasion d'établir des *présomptions légales,* — contre lesquelles les particuliers peuvent se défendre, sans aucun doute, — mais qui, jusqu'à preuve contraire, font tenir un fait pour constant. »

« En voici un exemple, qui a un rapport étroit avec la question dont il s'agit en ce moment :

« Tout le monde connaît la maxime romaine :

Pater is est quem justæ nuptiæ demonstrant, maxime qui a été ainsi traduite dans l'article 312 du Code civil : « L'enfant conçu pendant le mariage a pour père le mari. » Sans cet axiome juridique, la famille et, avec elle, la société courraient grand risque d'être bientôt dissoutes ! Et cependant qu'est-ce autre chose qu'une présomption légale ?

« Une femme mariée met au monde un enfant. Quel est le père ? On nous accordera bien que, d'ordinaire, c'est le mari. Dans beaucoup de cas, grâce à Dieu ! tout le monde en est moralement sûr. Mais dans d'autres ?... Est-ce qu'on peut avoir une certitude absolue ? Non. La femme a pu commettre des infidélités ; elle a pu tout au moins éveiller les soupçons ! Cependant, malgré ce doute, le mari est bien tenu de traiter le rejeton comme son enfant légitime ! Et il ne peut le *désavouer* que dans des circonstances tout à fait exceptionnelles. (Art. 313 et suiv.)

« Eh bien, lorsqu'un homme enlève ou viole une femme ; lorsqu'un homme séduit frauduleusement une jeune fille *mineure,* et lorsque cet enlèvement, ce viol ou cette séduction sont accompagnés de circonstances graves, précises et concordantes, — comme celles indiquées plus haut, — il doit y avoir, selon nous, une *présomption légale* tellement forte que, si le coupable ne peut sérieusement se défendre, il doit être déclaré père de l'enfant né neuf mois après la faute. L'acte de la génération est accompli, alors, dans de telles circonstances, que l'homme doit être également responsable de cet acte et de ses conséquences naturelles.

« Enfin, lorsqu'un individu a pris le soin, — comme dans notre quatrième hypothèse, — d'avouer *lui-même* sa paternité, le législateur doit, — selon nous, — établir une présomption légale plus puissante encore et admettre, en pareil cas, la recherche exceptionnelle de la paternité. »

M. Albert Millet, toujours avec la même logique, le même art et la même clarté, vient de répondre aux principales objections que peut soulever la proposition relative à la recherche de la paternité.

Je ne sais ce qu'en penseront ceux qui liront ces pages empreintes d'un accent de vérité si pénétrant : quant à moi, je puis affirmer que du jour où elles me sont tombées sous les yeux, j'ai senti s'évanouir toutes mes incertitudes et tous mes doutes.

Longtemps, je l'avoue à ma honte, je me suis machinalement rangé du côté des adversaires de la proposition que je soutiens aujourd'hui avec une si profonde conviction. — S'il me fallait dire au juste pourquoi cette résistance, je serais fort embarrassé; cependant, en toute vérité, je dois répondre qu'en cela j'ai imité l'exemple d'un grand nombre de mes concitoyens : je n'ai pas voulu me donner la peine de penser.

En effet, beaucoup de Français, et c'est un des plus grands défauts de notre caractère, dont nous commençons à nous corriger cependant, aiment les opinions toutes faites. — Est-ce paresse d'esprit, ou bien indifférence? lorsqu'une idée est émise, surtout une idée de la gravité de celle-ci, qui exige pour être bien comprise un certain travail, un absolu recueillement de l'esprit, et surtout de la conscience, nous trouvons commode, le plus souvent, pour nous éviter la peine de penser, ou les ennuis de la discussion, de la rejeter en nous rangeant du côté de ce qu'on appelle les indifférents, et de nous contenter des idées toutes faites. — Nous voilà dans le camp du plus grand nombre, du côté de cette force inique qui souvent prime le droit, et nous sommes satisfaits! Nous nous déclarons les très-obéissants et les très-humbles serviteurs d'une idée, qui certainement nous eût paru détestable, si, moins désintéressés des grands intérêts sociaux, nous avions pris la peine de faire œuvre de citoyens sérieux, mettant notre opinion d'accord avec notre raison et notre conscience, au lieu de nous perdre dans la masse, à la plus grande satisfaction de notre paresse ou de notre indifférence.

Disons-le encore, nous sommes assez disposés à nous payer de mots, et le sonore d'une idée, très-creuse souvent, absurde, malfaisante même quelquefois, nous rassemble en troupeau derrière elle, et nous voilà les esclaves de l'opinion qu'elle exprime, quand ce n'est pas de l'homme qui l'exploite. — Pour la même raison, il ne suffit même pas d'une idée, mais d'un mot, d'un seul mot, dont on a dénaturé et le sens et la portée, pour que nous rejetions la doctrine salutaire qui en est l'expression, les principes rénovateurs qu'il proclame.

La recherche de la paternité! Mais, y pensez-vous, ce serait l'anéantissement de la famille! Voulez-vous donc que les citoyens les plus honorables, les plus riches, soient livrés à la merci et à la cupidité des caprices de la première fille venue!

Voilà les idées absurdes! les grands mots!

Il n'en faut pas davantage pour satisfaire même les mieux intentionnés.

Et voilà comment, depuis près d'un siècle, la *séduction* poursuit impunément, au milieu de notre société, son œuvre de démoralisation, augmentant chaque jour le nombre de ses victimes, et creusant un sillon si profond qu'il nous arrête; et c'est quand nous avons devant les yeux cette ornière profonde, roulant dans sa boue tout ce que nous avons de plus cher et de plus sacré, que nous regardons épouvantés, que nous voyons le mal et que nous songeons à le combattre : oui, c'est ainsi que, soit indolence, insouciance, souvent même enthousiasme irréfléchi, nous sommes poussés devant tous les abîmes de la perversité et de l'ambition humaine, et que nous y roulerions sans le génie lumineux qui nous relève toujours !

Aussi avons-nous le droit d'espérer que l'heure est venue non pas de se préoccuper seulement des effets de la cause, mais bien de la cause elle-même ; et le moyen certain d'en combattre la fatale influence, c'est, nous le croyons, de commencer par admettre, dans les cas que nous avons déterminés, que la recherche de la paternité soit permise.

Avant de terminer, nous croyons devoir présenter les observations suivantes : une partie des dispositions légales, que nous réclamons pour la plus grande sécurité des mœurs dans notre cher pays, y ont été en honneur pendant de longs siècles ; de nombreux et regrettables abus ont inspiré l'idée de supprimer non-seulement ce qui, dans la législation primitive, en était la source, ce qui eût été juste, mais encore de faire disparaître, presque radicalement, la législation tout entière. C'était combattre un excès par un excès et ouvrir toute grande la porte aux abus que nous déplorons, plus graves et plus dangereux, peut-être, que les premiers.

Quoi qu'il en soit, nos revendications sont justes et n'ont rien d'exagéré; recherchons encore, avec M. Albert Millet, les exemples que, sur cette grave question, les législations étrangères peuvent offrir à nos méditations :

« Chez presque tous les peuples de l'Europe et de l'Amérique, dit-il, la séduction est réprimée spécialement par la loi.

« En Prusse, par exemple, la séduction est considérée comme un délit dont les magistrats poursuivent d'office la répression. Ce délit est puni de six mois d'emprisonnement avec travail forcé.

« Au Brésil, la séduction est punie de peines afflictives.

« Aux États-Unis, le séducteur âgé de moins de vingt-cinq ans est condamné à l'amende; au delà de cet âge, à l'emprisonnement. Une simple promesse de mariage, violée sans motif légitime, est considérée comme tentative de séduction, et le coupable est mis en demeure d'épouser la jeune fille ou de lui payer une somme considérable.

« En Angleterre, lorsque la séduction n'est pas entourée de circonstances aggravantes qui lui donnent le caractère d'un délit, elle est au moins considérée par la loi comme un *quasi-délit*. Une action civile est formellement ouverte au père de la jeune fille séduite pour atteinte à l'autorité paternelle.

« Quant à la famille de la victime ou à la victime elle-même, la loi lui donne positivement le droit de réclamer contre le séducteur des dommages-intérêts à titre d'indemnité.

« Les Anglais ont si bien compris tout ce que la séduction a d'immoral et d'antisocial que, grâce à l'initiative individuelle, ils ont dû organiser des sociétés libres et puissantes pour faciliter aux familles indigentes l'application de la loi relative aux cas de séduction.

« En Autriche, en Portugal, en Suisse, les Codes contiennent des dispositions formelles à l'encontre des séducteurs.

« Chez ces peuples, on croit avec raison que le sexe *faible* doit être protégé contre le sexe *fort.* On pense que chaque citoyen doit encourir la responsabilité de ses actes et de ses fautes. On estime que, par le fait d'un libertin, la société a été privée d'une bonne mère de famille, et que, déshonorée, dénuée de secours, dévorée d'angoisses, la jeune fille séduite serait vouée au vice ou au crime, alors surtout qu'elle est enceinte. On trouve donc juste de punir le coupable et d'enlever à l'homme, qui a abusé de ses prérogatives, de sa position et de sa fortune, une certaine partie de ses biens pour réparer, autant que faire se peut, le préjudice qu'il a volontairement causé.

« Cela ne suffit pas! Chez ces peuples, on s'occupe non-seulement de protéger la jeune fille, mais encore de sauvegarder le plus possible les droits de l'enfant.

« Dans la plupart des États allemands, en Suisse, en Angleterre, aux États-Unis, la recherche de la paternité est autorisée, dans certaines circonstances, et avec certains ménagements.

« On a rejeté, et avec raison, la fameuse maxime : *Creditur virgini parturienti,* qui avait autrefois donné lieu à tant de scandales.

« En Bavière, par exemple, le Code Maximilien dit que la simple déclaration de la mère ne peut constituer contre le prétendu père une preuve suffisante, si elle n'est appuyée, corroborée par d'autres indices constants et dignes de foi.

« Le Code prussien a spécifié plusieurs présomptions légales auxquelles le juge doit s'attacher pour trouver des preuves à asseoir sa conviction.

« Mais, chose assez bizarre, ces deux codes d'outre-Rhin déclarent que la paternité peut reposer sur plusieurs têtes : on admet la responsabilité solidaire, la paternité collective !

« Le Code de Zurich s'exprime ainsi : « La femme qui est devenue enceinte a le droit de poursuivre en paternité l'auteur de sa grossesse. » Mais, en règle générale, elle ne peut intenter son action que pendant la grossesse, et elle doit apporter des preuves sérieuses à l'appui de sa prétention.

« La loi anglaise, comme la loi américaine, autorise la recherche de la paternité, mais avec de sages précautions, destinées à prévenir autant que possible les abus.

« Voilà comment, dans les deux mondes, les législateurs ont enseigné indirectement le respect de la femme et de l'enfant. Les lois ont sanctionné ce principe de droit naturel : « Tout homme est responsable de ses actes; » et les Anglais, les Américains, se sentant maîtrisés par le sentiment d'une juste responsabilité, ont beaucoup plus d'égards pour les jeunes filles; ils les honorent, ils les protégent, au lieu de les outrager!

« En France, les séducteurs sont impunis, et partout la femme est beaucoup moins respectée. Voici, à ce sujet, ce que rapporte M. Le Play :

« Les lois qui, en France, assurent l'impu-
« nité de l'homme en matière de séduction, sont
« un sujet d'étonnement pour les Anglo-Saxons
« des deux hémisphères. Les Américains du
« Nord, en particulier, condamnent sévèrement
« ce genre *d'aberration;* et je les ai souvent
« entendus déclarer que, sous ce rapport, les
« Français *ont perdu le sens moral*[1]. »

---

1. *L'Organisation du travail.* p. 292.

« De tous ces arguments et de tous ces faits, nous devons conclure, avec conviction, qu'une réforme législative est, en France, absolument nécessaire. »

Je m'associe complétement et sans restriction à cette manière de voir, et je ne saurais mieux terminer cette longue étude, qu'en m'écriant avec Legouvé, notre si spirituel et si délicat moraliste, dont j'ai invoqué l'autorité au début de mon chapitre traitant de *la séduction* :

« IL FAUT UNE LOI CONTRE LA SÉDUCTION ! »

CONCLUSION.

J'ai écrit ces pages sans parti pris et sans passion, sans prétention et sans crainte ; j'ai dit, avec mon cœur autant qu'avec ma raison, ce que mon devoir m'imposait, ce que ma conscience me dictait.

Vif, peut-être parfois, dans les ardeurs de l'attaque, il ne m'est jamais venu à la pensée l'intention de blesser l'honorable pétitionnaire dont le système m'a fait l'adversaire.

Chef d'un service de l'importance de celui auquel j'ai l'honneur d'appartenir, il était de mon devoir d'apporter dans ce débat la part modeste de mon concours dévoué.

Je l'ai fait pour le département du Gers surtout, comme un témoignage de ma gratitude et de ma reconnaissance pour toutes les réformes importantes obtenues dans l'intérêt de mon service, depuis cinq années que je le dirige, et

cela grâce aux dispositions toujours bienveil-
lantes de Messieurs les préfets. comme aussi au
dévouement éclairé de Messieurs les membres
du conseil général.

J'ai signalé, au cours de cet ouvrage, des
documents importants, des opinions émanant
d'hommes considérables dont les travaux font
autorité dans la matière. Je recommande à mes
lecteurs, s'ils veulent s'éclairer et se convaincre,
la lecture attentive de la discussion qu'a sou-
levée la grave question des tours au sein de la
commission instituée par arrêté ministériel en
date du 22 août 1849, tome Ier; de même que
l'enquête faite en 1860 par des hommes spéciaux choisis dans le haut personnel du ministère de l'intérieur.

Je leur signale surtout l'œuvre pleine d'actualité de M. Albert Millet, — « *la Séduction,* »
à laquelle j'ai emprunté tout ce qui, dans cette
étude, a trait à la question légale. — A tous les
points de vue, cette œuvre est remarquable, on
sent en elle le souffle d'une âme noble et généreuse, inspiratrice toujours heureuse d'un
esprit ferme et droit, que rien ne saurait

détourner de la voie honnête et juste dans laquelle il s'est engagé.

Je ne reviendrai pas sur tout ce que j'ai pu dire au cours de cet ouvrage, ses dimensions sont trop restreintes pour m'obliger à un résumé détaillé qui me semble inutile; je me borne donc à réclamer, comme conséquence des différents points de vue auxquels je me suis placé :

1° Laisser le service, en tant qu'ensemble, dans la situation qui le régit aujourd'hui;

2° Modifier le tarif des salaires et des secours en les mettant d'accord avec les besoins des enfants et les exigences du temps;

3° Admettre la recherche de la paternité. Conclusion parfaite que M. le Dr Brochard, dans son livre : *La Vérité sur les Enfants trouvés,* avait mise en concurrence avec le rétablissement des tours.

De grâce, donnons la préférence à celle-ci; notre cher pays ne se relèvera qu'à cette condition. Je termine ainsi, bien heureux, avant de clore cette longue et minutieuse étude, de tomber encore une fois d'accord, je l'espère, avec l'honorable docteur Brochard, qui doit comprendre aussi bien que moi que tout l'avenir de la morale et des saints devoirs de la famille se trouveront tout à fait sauvegardés par cette loi tutélaire, l'honneur des législateurs qui en auront doté notre société française, ce foyer lumineux vers lequel sont tournés les regards du monde entier.

TABLE DES MATIÈRES

VII.

VIII.

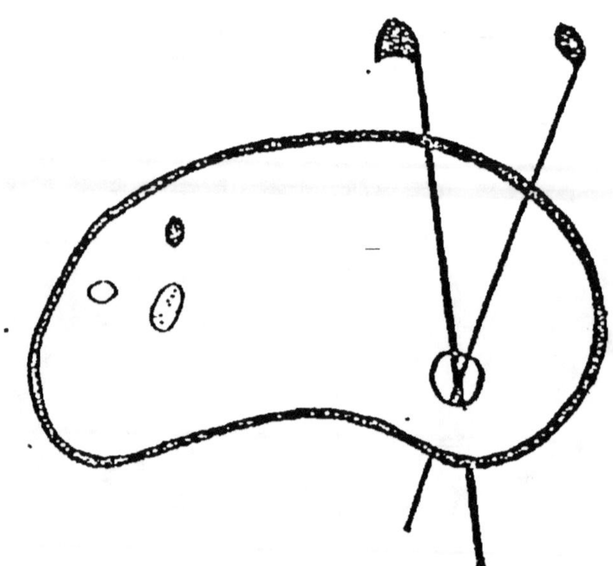

ORIGINAL EN COULEUR
NF Z 43-120-8